国家出版基金项目
NATIONAL PUBLICATION FOUNDATION

兩宋田賦制度

劉道元◎著

山西出版傳媒集團
山西人民出版社

圖書在版編目(CIP)數據

兩宋田賦制度 / 劉道元著. -太原: 山西人民出版社, 2014.12
(近代名家散佚學術著作叢刊 / 許嘉璐主編)
ISBN 978-7-203-08853-0

Ⅰ.①兩… Ⅱ.①劉… Ⅲ.①土地稅-稅收制度-研究-中國-宋代 Ⅳ.①F812.944

中國版本圖書館CIP數據核字(2014)第289807號

兩宋田賦制度

主　　編　許嘉璐
著　　者　劉道元
責任編輯　梁晉華
助理編輯　張　潔

出 版 者　山西出版傳媒集團·山西人民出版社
地　　址　太原市建設南路21號
郵　　編　030012
發行營銷　0351-4922220　4955996　4956039
　　　　　0351-4922127(傳真)　4956038(郵購)
E-mail　sxskcb@163.com　發行部
　　　　　sxskcb@126.com　總編室
網　　址　www.sxskcb.com

經 銷 者　山西出版傳媒集團·山西人民出版社
承 印 廠　山西出版傳媒集團·山西人民印刷有限責任公司
開　　本　700mm×970mm　1/16
印　　張　13.5
字　　數　88千字
印　　數　1—3000冊
版　　次　2014年12月　第1版
印　　次　2014年12月　第1次印刷
書　　號　ISBN 978-7-203-08853-0
定　　價　30.00圓

《近代名家散佚學術著作叢刊》編委會

出版説明

近代名家散佚學術著作叢刊選取一九四九年以後未再刊行之近代名家學術著作共一百二十册，編例如次：

一、本叢書遴選之著作在相關學術領域具有一定的代表性，在學術研究方向、方法上獨具特色。

二、爲避免重新排印時出錯，本叢書原本原貌影印出版。影印之底本皆經專家組審定，原書字體大小，排版格式均未做大的改變，原書之序言、附注皆予保留。

三、本叢書分爲八大類，以作者生卒年編次。

四、爲使叢書體例一致，本叢書前言後記均采用繁體字排版。

五、個别頁碼較少的版本，爲方便裝幀和閱讀，進行了合訂。

六、少數學術著作原書内容有個别破損之處，編者以不改變版本内容爲前提，部分進行修補，難以修復之處保留缺損原狀。

七、原版書中個别錯訛之處，皆照原樣影印，未做修改。

八、所選版本之抽印本頁碼標注，起始至所終頁碼均照原樣影印，未重新編排標注新頁碼。

由於叢書規模較大，不足之處，殷切期待方家指正。

總序／披沙瀝金，以爲鏡鑒

◇許嘉璐

多年來有一個問題始終在我腦中盤桓：爲什麽在十九世紀末到二十世紀初，在短短的幾十年裏，中國的各個學術領域竟涌現了那麽多大師級的人物？這是中國近代史上一個極爲重要的現象，我認爲，如果不能給出令人滿意的答案，我們撰寫的近代學術史將是不完整的，甚至是缺乏靈魂的。後來我知道，著名人類學家克羅伯曾提出過一個問題：爲什麽天才成群地來？看來這種現象的出現並非中國所獨有，思考其所以然的也大有人在。而在那一次世紀之交中國的情况，似乎應驗了「天才成群地來」這個令克氏久久不解的疑問。錢學森先生曾從相反的方向提出了相同的疑問：爲什麽我們這個時代出現不了杰出人才？後來人們稱這個問題爲「錢學森之謎」。

要回答這些疑問不是件容易的事。與其迅速地囫圇地探尋，不如先多了解那些讓中國近代學術（應該包括人文科學和自然科學）史上閃耀着光輝的大師們的作品和自述，從而在腦海里盡量「復原」他們所處的環境和在那種環境下的心理路徑，從中或許可以得到一些啓示。

有一點是顯然的，這就是他們雖然都已遠離塵世而去，但是他們獨立思考的品性、求知治學的真誠、困厄窮愁中對節操的堅守，恐怕是他們共同的主觀因素，一直影響到現在，而且將會永遠留存下去。

就思想界、學術界而言，二十世紀上半葉是一個新説和舊説碰撞，中學和西學融匯的大時代。那時的學人極爲重視言行操守，同時具備現代知識分子的理想信念；他們的學術研究十分純凈，絶少功利因素；他們的視界開闊，以包容的心態和嚴謹的風格造就了成果的大氣與厚重。至於在客觀因素一面，他們實際是在用工業化時代的事實解説着太史公所説的名山之作「大抵聖賢發憤之所爲作」，困厄苦難使得他們「皆意有所鬱結」。這種鬱結，幾乎和個人的名利毫無牽涉，他們永遠不能釋懷的，是民族的存亡、國運的興衰、民衆的福禍和文脈的續斷。

那個時代也是近代歷史上最大規模的中西古今學術調適、創新的時期，學術方法上的交互滲透和融合、創新亦可謂「於斯爲盛」。斯時之學人是要在封閉的屋墻上鑿出窗子的勇士，是使人能够看看外部世界的第一批導夫先路者；或者可以説，他們是在「意有所鬱結」時「彷徨」和「吶喊」的「狂人」。

相對於那時的哲人們，後來者是幸運兒。現在的形勢是，近三十年來學界空前繁榮，衆多學科有了長足之進，其中很重要的一點是學界有了更新穎、更廣闊的國際視野，似乎接續上了百年前的學壇盛事。但細想想，「古」與「今」還是有差别的。其異，主要不在於世界情勢、學術進展、工具改善這些客觀存在，而在於在廣泛吸收各國優長的同時，自身文化的主體性越來越受到重視，换言之，「拿來主義」已經延長了「拿來」的程序，加上了試用、甄别、篩選、吸收、融合、成長。就我孤陋所見，在當今地球上，面向所有異質文明，努力汲取我之所缺，其範圍之大和心態之切，似乎無出中國之右者。從這個角度説，我們已經超越了前輩。但是事情還有另外一面，學術，特别是人文學科，其職業化、「沙龍化」和功利性，以及隨之而來的浮躁病却嚴重了。從這個角度説，是不是我們已經後退得够可以的了？而這是不是我們這個時代出不了大師的原因之一呢？

民國學術界的特點之一是極爲注重對傳統的反省、批判與繼承。他們對傳統文化盡最大的努力進行整理和研究。一方面，由於戰亂頻仍，民不聊生，學者們擔起了讓中華文化薪火相傳的歷史責任；另一方面，他們要通過對中國傳統文化的整理、挖掘來重振民族自信心。這一時期對傳統文化進行整理的全面而深入是前所未有的，舉凡文字學、語言學、經濟學、法學、哲學、政治制度、書法繪畫、金石學……規模之宏大，研究之精微，令人嘆爲觀止。

民國學術推動了現代學科體系的建立。在對傳統文化整理和研究的基礎上，吸收西方的文化思想和理念，推動和建立了中國現代學科體系。例如，在對語言文字和音韵學成果進行整理、研究的基礎上開始着手規範之，建立了國語學；深入研究書法、國畫，將其融入了現代美術學科；在廢除舊有學制後逐步建立起小、中、大學較完整的科目和學科體系。

民國學術也改變了傳統學術方式，建立了新的研究範式。以現代科學考古爲發端，科研的實踐和成果使中國知識界真正認識到在實驗、比較基礎上的邏輯分析對學術研究的重要，推進了中國學術的一大演變。至於我們常説的打破士大夫傳統、走出書齋到田野鄉村和市民中進行調查研究、結束了經學時代、以歷史眼光檢視儒學和諸子等等，都是確立新學術範式的努力。這一轉變，也標誌着中國學術界脱胎换骨，全面進入了現代，爲此後的學術發展奠定了堅實的基礎。當然，西方啓蒙運動以來，在「現代性」和「現代化」裏潛伏着的缺陷和謬誤也傳到了中國，這些不能不在前哲的著作裏留下痕迹。這並不奇怪。類似的情況，古往今來孰能免之？猶如今天的我們，誰敢自稱我之所見就是永恒的真理？在這個問題上兩個時代所異者，或許就在昔時大家創立新説或譯註西學著作，往往是懷着對學術和前哲的敬畏而爲之，故而常常誤不在我；當今則往往出於對學問和他人的輕蔑，或以所研究的對象爲謀己的工具，因而難辭主觀之咎吧。翻閲他們的心血之作，這些復雜的狀況可以顯見，可以視之爲我們的一面鏡子。

滄海桑田，世事變幻，歷史的動盪和時代的遮蔽，使當年許多大師的一些極有價值的學術著作被棄於故紙堆中，不能不令人有遺珠之憾。爲此，山西人民出版社不惜以數年之艱辛，披沙瀝金，編輯出版這套近代名家散佚學術著作叢刊，凡一百二十册，計文學、史學、政治與法律、美學與文藝理論、民族風俗、宗教與哲學、經濟、語言文獻共八大類別。所選皆爲作者之純學術著作，無論是其見解、精神，抑或是其時代烙印，都是後輩學人可資借鑒的寶貴財富。他們出版這套叢書，意在讓世人不忘來程，知篳路藍縷之不易，爲民族文化的傳承再增薪木。

出版社的初衷，與我近年來所思所慮近似，故願略述淺見於書端，以與策劃者、編輯者和讀者共勉。

二〇一四年七月六日

改定於自安東回京途中

前言／精神、历史与事实

◇樊綱

中國古代不乏有趣和重要的經濟思想，但是就形成知識體係的理論或「學説」而言，中國現代經濟學的發展是從嚴復一九〇一年引進翻譯出版英國人亞當·斯密的國富論（一七七六）（當時譯爲原富）開始的。就是說，是從學習西方開始的。也屬於一個落後國家學習與追趕發達國家過程的一個組成部分。

從原富出版（以至更早時期天演論的翻譯和出版），到辛亥革命前後至五四運動時期，中國應該説是發生了第一次思想解放的進程，也就是中國的啓蒙運動，學習研究西方發達國家的科學技術、政治社會理論和人文思想，進入了一個新的時期。在大約半個世紀的時間裏，「大師」成批地出現，進入了一個學術研究的繁榮時期。除了大量翻譯西方的著作，中國人自己的經濟學研究力量也逐步形成，並逐步運用現代的理論和方法，來研究中國的社會、中國的經濟，用現代方法進行的實地調查研究，也多有發生。雖然有連續不斷的内戰和抗日戰爭，學術研究却仍在繼續，陸續出版了許多專著和論文。我們這些在「文化大革命」後才進入學術領域的後人經常會好奇：那麼一個戰亂的時代，那些前輩怎麼還在做研究？怎麼還能做研究？每當看到一本那個時代出版的泛黄的「故紙」，一定是仰慕之情油然而生。

也許正是因爲戰亂，因爲當時的落後與貧窮，許多著作出版了，又散落了。有的没有得到應有的傳播，有的研究被打斷，無法産生大的影響。現在山西人民出版社將一些不大爲人所知和没有再印的散佚經濟學著作收集出版，既是拯救，也是發揚。用現在的眼光看，有的著作也許「淺顯」，但這些著作的價值和從中我們可以學到的，其實首先在於以下的一些東西：第一是精神，那種不求世俗功利，出自好奇心在亂世中探索真理的風骨；第二是歷史，我們中國人的思想史，我們現在學的這些東西是如何從外面舶來而在中國的土壤上生根和發展的；第三是事實，是那一輩學者在艱苦的環境下記録下來的當時和以往的事件與史料，這些已經不可復得，但却是我們在研究近現代中國經濟發展的整個進程時不可或缺的。

一代人有一代人的使命，也有一代人的局限。翻閲古籍，令我們思考我們能爲這個國家、這個民族、這個世界留下哪些遺産，我們的後輩將如何評價我們？

二〇一四年八月二十一日寫於深圳

作者簡介

劉道元，生平不詳。

序

這本小册子是我所研究的中國田賦史的一部分，將來如果全部出版，這就是第八章，以前的初稿皆草成，唯這一部份塗抹較少，故先行印出。田賦在中國歷史上演了很重要的脚色，然而却沒有系統的研究或敍述；淺薄如我而從事創作，缺點一定很多，但爲引起傍人的意見來糾正、批評和補充，以期搆成完備的田賦史，有先印出幾部分的必要。因此，我先出這一册，繼此印行的，還有三國至唐中葉的中國歷史特殊階段的田賦制度、和中國的漕運。

田賦在歷史上所發生的作用，每把正常的社會關係隱蔽起來，最顯著的是戶口與土地的記載，課稅物件在戶則戶數減少，在口與地則口與地也同樣的減少。這是統治者和被統治者間關係的表現，也就是統治者和被統治者利害互相對立，而且互相對付的歷史事實的表現，超過了這種限度，後者便會有更露骨的行動，社會革命的危機便由醞釀潛伏而暴發。宋代這種互相對付的關係，表現的最爲明顯；例如因差役及丁賦以及額外的科斂，使人口登記少至每三戶只有四口人，其他許多事情每發生同樣的情形，不僅顯出宋之租稅制度紊亂不合理，桎梏了國民經濟的正常發展，而政治的優柔怠弛，在紊亂中求旦夕的苟安，也充分的暴露出來。

我想將因田賦而起的社會關係寫出來，就是想把眞實的史實分析的序述下來，雖然是這麼打算着實行着，一定還有未能或能而未盡的地方，那末只期待讀者的指示和糾正了。

我們研究上得到了很多朋友幫助，因爲我們幾個朋友，想把中國歷史作專題的研究，如宗教、民族，如經濟史、財政史、政治制度史等。我研究的田賦就是財政史中的一部份，我們相互幫助。那末我在此所得到的幫助，就用不着聲謝了。

二二，二，二七，於北平。

兩宋田賦制度目次

第一章　宋以前田賦變遷概說

一　家庭手工業經營與農業經營的分離

家庭手工業尤其是手工業裏邊的紡織業，在封建社會裏和農業是結合在一塊經營的。封建制度初崩潰的時候，兩者的合一還是繼續着。但長期的去看，這種緊密的程度是常起變化而漸漸分解的。戰國末年商業資本發達，社會分工愈細，手工業愈益離家庭成爲獨立的職業，這是家庭手工業和農業經營第一次的而且是很大的分解。兩漢農民織的布帛雖仍有貨幣的作用，農民納稅很少用牠，不以土地收益的現物即以貨幣，間有納布帛者還是以政府命令去執行。（註一）三國至唐中葉是歷史的特別階段，社會逆轉：自魏晉以降爲現物自足經濟。西晉戶調式以及其所變成的租庸調，人民多以現物納稅；西晉連穀物都少見，幾完全是絹帛。紡織業和農業經營的合一，在租稅稅物上去看，是極爲明顯的。天寶起了大的變化，由現物自足經濟轉變爲貨幣交換經濟，兩稅法建立幾完全徵收貨幣，以致貨幣的用途廣，絹帛的用途狹，遂使絹帛的價值慘跌，（註二）生產停滯。這種現象，雖是暫時的，然由此而分解家庭手工業和農業的關聯則是深刻的。

從貨幣的使用上看，絹帛失去了交換手段及一般當作蓄積的財貨作用，使牠不復與農業經營結合爲普遍的生產已如上述。即以社會的進展來說，絹帛若如交換的商品而流通於各地或國外，固無須精製；即令作爲稅物來交納，在國家的一切用途上以及皇帝私人賞賜上，農民繳來的絹帛恐怕也以粗製之故而不能適用。

客觀的環境使牠喪失了地位，主觀的條件又多不具備，遂不能不與農業分離各自專門化，各自求前途了。並且這時木棉從印度傳入中國，紡織工業分作棉織絲織兩個部門。一般的說，粗製的棉織物多是非商品的生產，在與農業結合上更代替了精緻的絲織物的地位，因此絹帛的生產愈益與農業分離，而漸成技術精密的專門的生產部門，所以到了宋代，技術略高的生產事業，已少用奴婢而不能不以『傭』『傭』來的較為有訓練的人來充任。

再以宋之『和買』來看，（註三）機工作坊已有分別存在的形式，紡織的資本多由高利貸而來，政府為救濟織工被高利剝削，每年正月貸款，這也似乎與農業無關，不過在和買發生弊害，由少給錢以至不給錢，但按例交納的絹帛還須供給，致府遂以之加於田畝之上，使稅戶交納。這樣就把這種紡織工業與農業經營分離的現象蒙蔽着罷了。

這次以兩稅法爲關鍵，使家庭紡織手工業和農業的聯繫趨於分解，是急轉直下的，在社會上看是封建勢力日卽淡薄的證明，在田賦上看，則和農民發生了直接的影響。稅物的絹帛不是農戶普遍所生產，政府以財政收入和適應某種用途之故，乘物價之漲落輾轉互折，且將物價故爲抑揚，以擴大收入，並限定絹帛的貨色，少劣卽須更換，人民的負担，便因此而至四倍五倍的增多。（註四）這種租稅上的弊害，固然不能說全是由於家庭手工業與農業的分離，而家庭手工業和農業結合已經鬆弛之後，統治者爲自身的便利，在租稅上徵收所需要的物品，納稅者的農民不能不賤賣穀物貴買絹帛；在賣買之間，折納之間，弊害便由此而起，負担便加重了。

（註一）後漢書章帝紀，建初三年詔書。

（註二）唐書卷五十二，陸贄說：「初定兩稅萬錢爲絹三疋……今者萬錢爲絹六疋。」

（註三）見本書第四章附加稅項

（註四）參看本書第四章雜稅項

二　商業發展與貨幣的演進

唐初的商業是微弱的，貞觀以後則日趨於發達，史家有這樣的記載：

且如天下諸津，舟航所聚，旁通巴漢，前指閩越，七澤十藪，三江五湖，控引河洛，兼包淮海，弘舸巨艦，千軸萬艘（按即艘），交貿往來，昧旦永日。（註一）

唐末的藩鎮割據，五代的政權更迭，雖把社會擾亂的不堪，但僅僅是國內商業略受影響，國外貿易依然是進展的。由唐末貨幣通行於邊裔（註二）及一些外夷與中國通市（註三）等情形看來，商業已由社會逆轉的潮流中迴歸到發展的路上，挾其雄厚的分解社會的大力，促起社會往前進展。至南宋商業資本集中的趨勢更爲顯著，大步的走進前資本主義的時期。

在這樣的商業急劇的進展中，直接受影響而起變化的第一是手工業，一面擴大生產而且爲技術精良的生產，另一面分解家庭手工業和農業的關係，說已見前。第二是貨幣的變化。唐初仍是現物經濟，由官吏薪俸，（註四）及租稅稅物以現物爲主要形態可以看出。開元天寶之間貨幣雖已流行甚廣，絹帛菽粟在市場上猶有交換手段的作用（註五）。至是而後轉變的更速，現物在交換媒介上被貨幣代替，建中兩稅法樹立，幾乎完全徵收貨幣，所以那時的貨幣短少引起錢貴物賤的社會問題。由這個問題的發生和解決，促進了貨幣的變化，大量採銅鼓鑄以應急需，不久金銀尤其是銀大量的加入了流通過程爲交換手段，（註六）再進展則爲宋之交子和會子的信用制度。

金銀既加入流通過程，則金銀尤其是銀之需要日廣，成爲本身含有價值易於流通的良幣。統治者以需用之故，在租稅上徵收這樣的良幣，是貨幣之社會的進化所促成的。所以五代銀成爲田賦的稅物，至宋則金銀（註七）皆爲折變的目的物了。在金銀已經通行的社會，金銀納稅是便利的，宋時初見應用，價值時時變動，以現物折納，納稅者每受大的損失。（註八）貨幣這樣的演進在租稅稅物數量上，雖不佔重要的地位，而在租稅稅物的時代性上，則含有社會進化的意義。

（註一）舊唐書卷九十四。

（註二）唐書卷五十二楊於陵說：『（貨幣）……昔行之於中原，今洩之於邊裔，則錢焉得不重焉貨得不輕。』

（註三）遼史卷六十。

（註四）唐會要卷八十三。

（註五）文獻通考卷八：開元二十年勅「布帛不可以尺寸爲交易，菽粟不可以抄勺貿有無。」

（註六）金史卷四十八，金宣宗元光年間，民間及市場一切物品皆以銀論價。

（註七）參看本書第四章進奉項。

（註八）宋史卷一百七十四：「今之爲絹者，一倍折而錢，再倍折而爲銀，銀愈貴，錢愈艱。」

三　土地制度的變遷

商業資本發達的第三個作用，就是土地制度的變遷，換言之就是土地私有制的重復確定，而爲買賣的對象，以至於兼併。唐初沿襲南北朝以來的土地制度，國家領有大量土地，計口分配給人民使用，成爲租庸調稅制的基礎。但到唐時，那逆轉的潮流已經迴復，計口分田之始，口分田出賣雖有微弱的法令加以禁止，（註一）土地交換的需要已經成立，買賣的風氣一開，是沒有方法可加以遏止的。

官吏商人都是資本的蓄積者，所以都是土地的兼併者。（註二）富者以告身免稅的特權而益富，貧者以租庸調的輸納及商業資本的侵蝕而益貧，因此所生的結果是土地買賣頻數，也就是土地私有制重復確立，這樣便破壞了租庸調稅制的基礎，不能不變爲兩稅法，並爲以後夏秋二稅的田賦制度的依據。

土地私有制重復確定後，『有田則有租』的性質起了變化，田租對於國家不復是地租的意義，而變爲地稅的意義。私人收地租，國家收地稅；佃農繳地租，地主繳地稅，後者每畝爲五升，前者爲一石。（註三）這種變化是浸漸形成的；以兩稅法建立爲關鍵，而更促其進展。表面上看兩稅是適合於社會經濟變遷的稅法，實際上則法律承認這種現象，使地主和佃農之生產關係更深刻化，稅的負担因此加重於貧窮小戶，優異了豪富巨室，漸至形勢戶在社會上取得了地位，情形更加甚了。

另外一種變化是國家領有的土地日少，爲財政收入之故，以私租增大的刺激，急急的求官田之擴充。唐代官田以受田之故變爲私有，國家所能領有的秖是原有的官田剩餘，卽天荒地和逃荒地。設官經營，多方侵占民田。於是有營田、屯田、官莊等的設置。軍耕失敗以後，官田改爲招民佃耕而收租課，國家變爲地主而爲私經濟的經營，和普通的主佃關係一樣、雖同爲官田，在計口分田之下，國家對農民收租之超經濟的性質，到了招佃收租，則變爲純經濟的性質了。這種形式自五代開始，到了神宗的時候纔慢慢的確立，南渡後成了定型。

土地制度這樣轉變下來，充分的表現在商業資本的洪流中，一切舊的關係被分解而支離破碎，貧富的階級愈爲懸殊，國家財政收入多半靠着田賦；人民田賦的負担，在貧富懸殊之下，又集中於少數人身上。因此，所以宋之田賦特別煩重而不合理了。

（註一）唐律義疏：『一畝笞二十，二十畝加一，罪止杖一百。』

（註二）文獻通考卷三，陸贄說：『今富者萬頃貧者無立足之居，依托强家爲其私屬。』

（註三）唐書卷五十二，陸贄說：『京畿田畝稅五升，而私家收租畝一石，官取一私取十。』

四　由兩稅法的資產稅到二稅的土地稅

（一）由兩稅到二稅課稅物件的變化　兩稅是資產稅，二稅是土地稅。兩稅到二稅的變化，就是由資產稅到純粹土地稅的變化。兩者雖均係夏秋二季徵收，形式上相同，而性質則大異。

兩稅法是乘租庸調稅制之弊而建立起來的稅法，是純粹的資產稅，史家述其內容爲：

戶無主客以見居爲簿，人無丁中以貧富爲差。不居處而行商者，所在州縣稅三十分之一，度所取與居者均使無僥倖。……其租庸雜徭悉省，……田畝之稅率以大歷十四年墾田之數爲準，而兩徵之，夏稅無過六月，秋稅無過十一月……（註一）

這是按資產之大小並和商稅合一的資產稅。所以在定稅之始，遣黜陟使或觀察使分赴諸道，審定納稅者的資產。審定資產的標準（註二）在不動產有土地、家屋及場圃、囷倉，在動產有貴重物品，流通的資本及商人的貨物。稅額是租庸調三者的合一，負担租稅的課稅物件則超乎『田』『家』『身』的範圍以外，在徵收上統一於夏秋兩稅的名義之下，簡單明瞭便於人民，且合徵收經濟的原則。復以課稅的物件衆多，負担分散，使納稅者不易感覺煩重，在租庸調之後不能不視爲救時的良劑。

兩稅法建立的時候，是藩鎮割據常有兵爭的時候，中央的權力日弱，用度日繁，度支不繼，一面把商稅從兩稅之中化分出來，成爲獨立的稅法，他面庸錢在兩稅中照常繳納，而差人出役不復給錢，演至人民輪流出役。另外間架稅行，家屋也不在資產審定之中。且資產的審定以政治紊亂，權力微弱，不能按三年一次舉行，久則不復舉行，人民貧富的升降無由得知。有這些原因，使資產審定的標準一一脫出不復存在，所獨留者唯不動產的田畝而已。

在政治上不能不有這樣的結果，在財政政策上看這也是當然的趨勢。貞觀以後社會秩序安寧，人民富庶，促使商業加速發展，開元天寶資本蓄積雄厚，不獨內地以商業流通形成大都市，且與外國貿易形成廣州等地的國際市場。因此商業集聚的地方就是財富所在的地方，淮揚爲中央財政的尾閭，就是這種緣故。但商業不僅繁榮了地方，加增了財政收入，而商業的本身實是大的富源，在趙贊掌度支的時候，商稅遂成了財政的重要收入。家屋稅的趨勢和商業一樣，人民以都市形成而羣集住居，家屋就爲政府另外的稅源，不能不使之分別存在。這樣一來，舊稅不增加，單獨的由土地負担。新稅雖增加，但以商人和家屋所有者是兩稅的負担者之故，又略減少稅担增重的痛苦。在稅額這樣微妙的轉移之下，人民的負担慢慢的加重，政府收入則漸次增多。這種財政政策的自然結果，不能不使兩稅的資產稅，變爲單純的土地稅了。

（二）由兩稅到二稅人民負擔額的變化　由兩稅變爲二稅，名稱上雖像似一樣，實質上則有大的變遷，由上述可以看出。但所說明的只是課稅物件的分散和變遷的趨勢，若比較人民負担的內容就可知其中的變化更大，人民的負担更重。

兩稅的稅額，是田租戶調身庸合併起來的，故兩稅的稅額和租庸調的額數相同，但租庸調是以田屬丁，以丁屬戶，以戶爲派徵單位的稅法，課稅的物件雖分別的在丁在戶在田，而最終的稅本是土地。三者合併於兩稅之後，課稅的物件不復是丁戶與田，而是資產。田地是資產的一項，則資產的範圍超過了人民所受的田的範圍，負担租稅的人民也超過了受田的農夫。所以兩稅的立法，是較輕於租庸調的。

兩稅變爲二稅的時候人民的負担則大不相同了，加重的情形和上樓梯一樣一層一層的高上去：第一、二稅資產審定的標準最後只有土地，也就是土地一項單獨的担負了兩稅下一切資產稅了，較之兩稅固爲加重，較之租庸調的田租丁庸，戶調的分担更爲加重。第二、租庸雜徭悉省而兩稅之外不復加歛，這是兩稅的立法，也是建中及以後的詔書所宣示的（註三），及兩稅施行，一切雜稅又漸漸的恢復，並超過了兩稅的正額。（註四）到宋之二稅科敷於田畝之上的附加稅及沿納的雜稅，（註五）稅目雜亂稅額煩重，在正稅之上又增加三倍四倍不止。第三、身庸以稅的形態加入於兩稅之中，政府有役以錢僱募。以時代的變遷（註六）差役日重，政府的僱錢不復出，差役遂由人民輪充而爲重大的破家蕩產的負担，庸錢照出，差役却不能不於庸錢之外重行負担。第四、身庸在兩稅法破壞以後分走兩個方向，一個仍以勞動的形態出現而爲差役，另一個則以租稅的形態出現而爲身丁錢——丁口之賦——後者雖只行長江以南各地，却是國家的正式收入，到了南宋，就成了普遍的稅法，且爲加於五等下戶的重斂。第五、兩稅是人無丁中以貧富爲差，合於普遍而且公平的租稅原則，至宋則形勢戶有特殊的社會勢力，差役可以免除，田稅也能抗而不納，使賦役集中於少數的物力低下的小戶。小戶於自己的常賦之外，又代納形勢戶減免下來的稅役。兩稅與二稅人民負担額有這五點變化，即兩稅稅額到了二稅的時候有這五層的增加，則數字之增大不知達若干倍呢，馬端臨的一段話，可寫在這裏作參考：

余嘗謂唐之庸錢楊炎已均入二稅，而後世差役復不免焉，是力役之征，旣取其二也。本朝王安石令民輸錢以免役，而紹興所謂耆戶長，保正僱錢復不給焉，是取其三也。合丁錢而論之，力役之征蓋取其四矣。而一有邊事則免（按應爲征）夫之令不得免焉，是取其五也。孟子曰：『有布縷之征，有穀粟之征，有力役之征，用其一緩其二，用其二則民有殍，用其三而父子離。』今布縷之征，有所折稅，有和預買，川路有激賞，東南有丁絹，是布縷之征三也。穀粟之征有稅米、有義倉、有和糴，而斗面加耗之輸不與，是穀粟之征亦三也。通力役之征而論之，蓋用其十矣。民安得不困乎？（註七）

（註一）唐會要卷八十三

（註二）文獻通考卷三引陸贄所說的審定資產之標準。

（註三）文獻通考卷三：趙光奇對德宗言：『詔令不信，前云兩稅之外悉無他徭，今非稅而誅求者殆過於稅。」

（註四）文獻通考卷三「州縣巧避微文，比大曆之數再倍。」

（註五）參看本書第四章附加稅和雜稅兩項。

（註六）參看本書第七章差役繁重之諸因項。

（註七）文獻通考卷十一戶口考。

五　役與稅的合一和分立

力役在田賦中佔重要地位，爲統治者與被統治者頻繁發生的關係之一。社會上有階級發生，就隨着政治力量而有役的形態發生。所以力役是歷史的產物，到了宋代特別繁重成爲社會的嚴重問題，問題嚴重的因素留在後邊去說。租庸調以來經兩稅至宋力役變遷的趨勢，即力役與稅的合一和分立的趨勢應先說明。

力役在隋開皇年間（註一）即以稅的形態出現。唐初租庸調稅制成立，庸爲國家稅源之一。課稅物件是丁中。稅本在按口分配的土地，和租庸調相同是地租的性質，可以說是勞動地租。但以勞力的形態出現，或代以現物即稅的形態出現，統治者爲自己的便利有選擇的權利。有工事則徵集人民的勞力，無工事則以應役的天數在庸（註二）的名義下折納現物。前者每年二十天閏加二天，加役至三十五天者役調，六十天者租調皆免。並以六十天爲應役的最高限，後者每天折絹三尺，役則免納，國家不問有無工事都有地租——勞動形態，或現物形態——的收入，在財政政策上是進步的辦法。

社會經濟進展，口分田成爲買賣的對象，庸的受田的基礎破壞，有田者庸不加重，無田者庸以丁爲準不減輕。且以無田不易爲生之故，無法應役或出庸，到了救濟租庸調稅制以資產爲標準的兩稅法建立，以公平及普遍的原則（註三）說，庸不能不隨着租調合併於兩稅之內。力役以稅的形態表現，雖然是以統治者的意思爲準，已有牠的社會意義，且儼然成爲國家的稅源之一；兩稅法既把各種租稅合一，力役單純的以庸的形態合併於兩稅之內，也是事勢之所必然，所以兩稅的立法有租庸雜徭悉省的規定。力役至此卽爲田賦之租稅系統中的一部了。

力役在兩稅之內與田稅合一，正式的成爲田賦體系中的一部，已如上述。然兩稅成立未久，力役又以他的原來形態從租稅體系中退出來。役的性質雖沒有大的變化，役的範圍則較前廣泛，卽人民役的負担較前加重，這種合一和分立以及加重是多種因素把牠促成的；第一兩稅成立之始楊炎實行量出爲入的財政政策，出入皆有定制，並把中央稅地方稅（註四）在整個的租稅中分別劃出，所以建中年間的財政在唐中葉爲最有辦法的時候，役以兩稅的收入招僱是不成問題的。德憲以後，藩鎮割據，軍事頻繁，所有收入全供軍用猶時恐不足，而另立他稅以應急需，則役錢不給，力役不能不再由人民徵派了。

第二、藩鎮割據不聽命中央，州郡亦多不聽命於節度使。在各自爲政的局面下，他們歛財自衞，兩稅的法令固不暇顧及，搜括民財，苛用民力，亦必各盡其能事。元和會計簿（註五）計算當時戶數和兵數率二戶養一兵，這種徵發的兵士實含有差役的性質，至五代愈益顯著。（註六）兵益多，財用益涸，招募之兵不足用，而以徭役的性質徵派，那末差役已完全與兩稅無關了。

第三、兩稅法　建立之始是唐中葉以後稅担最輕而財政最充裕的時候。以後支出益廣收入益寡，遂拆散兩稅的資產標準，如商稅間架稅即已分別存在，已見於前節，把力役從租稅中脫出，一面減少僱役的支出，另一面不支付的輪流徵發人民從役，勿寧是加倍的增稅，參看上節從兩稅到二稅的變化，兩者稅額的比較，就可充分的明白了。到了五代又於差役之外另徵丁口之賦，更足爲脫出差役卽是增加稅收的證明。

第四、使差役和稅分立的最重要的原因是差役日益加重，度支不勝僱值的支出，只有恢復輸差的舊法了。這在社會變遷及政治組織上的關係詳述於本書第七章差役繁重的諸因項中，不再說。

力役和租稅合一的時候，人民的負担較前減輕，力役脫出則分外加重。分立與合一時的稅額相較，不知在數字上有若干倍的增大，而社會的變遷，亦可以看出有急轉直下的趨勢。

(註一)資治通鑑卷一百七十七，開皇十年「制民年五十免役收庸」。

(註二)舊唐書卷四十八。

(註三)兩稅是資產稅資產多者多納，少者少納，無者不納，故合於公平普遍的原則。

(註四)上供、留使、留州、各有定額。

（註五）文獻通考卷二十三引。

（註六）李珙上書有：『如以六軍方闕，未可輕徭』語。

（註七）文獻通考卷三引。

六　由五代的游移到宋之定型

租稅制度是與社會生產相適應的，社會經濟起了變動，慢慢的就引起租稅制度的變化。唐開元天寶為社會大轉變的時期，把計口分田的農業經營打破，使社會的一切隨着商業資本的大洪流推轉下去。所以在租稅上不能不改為兩稅法，不能不隨着貨幣經濟的成立而徵收現金。這種變動，是社會轉變的關鍵，起初在政治上雖是被動的適應，却慢慢的成為主動的推進。

社會這樣的急轉直下，舊的制度不能適應，須有新的制度來代替。在田賦上，兩稅法在建立之始，雖以公平普遍的原則爲救時良法，然短時期的救弊方法未把貧富日益懸殊的社會問題解決，其最大的效用只能幫助社會去發展，不能在較長時期內容留社會發展於牠的範圍之內；換句話說，就是不久要爲前進的社會所遺棄，必另以新的東西來適應。新的東西就是宋之優富刻貧的田賦制度，這種制度的形成，以五代爲過渡的時期。

宋之政權奪之於周，一切制度沿襲前朝，勿寧是五代的延續，然在五代是變動的游移不定，到宋代則定型了。土地制度，五代時國家有土地的需要，有營田屯田的經營。社會上形成了形勢戶侵占民田，不納租稅，（註一）租稅的負担和官物的運輸不能不放在單貧小戶身上。（註二）徭役制度，起初合併於兩稅之中，不久卽分立出來由人民輪充，衙前主官物、里正督賦稅、耆長管盜賊，這些職務例由鄉間大戶充任。並以五代黑暗時期的弊端，演成宋初的制度。（註三）田稅制度，稅額固守着兩稅法下的州縣數目，不敢有任何的變動，財用窘急時則施以科斂的附加稅，或巧立名目創立雜稅。這些稅起於五代，沿用於宋初，有與兩宋相終始而不曾變更者。徵收制度，折納盛於兩稅，五代爲折色，宋爲折變；加耗奇零爲五代征收的弊端，至宋以欺詐人民財物被認爲賦稅上的問題，而不克解決。稅期宋與後唐略同。至於丁賦更沒有什麼區別。凡這一些——土地制度、差役制度、田稅制度、徵收制度——以及家庭手工業與農業的分離、貨幣的演進、兩稅內容的變化、稅額的增高等等都具形於五代，至宋而確定的成立。所以說宋之制度是五代的延續是可以的。不過在五代是游移的，正在隨着急變中的社會轉變的，宋則社會較爲安定，一切制度不能不較爲定型的存在着。在制度的性質上去看，因五代時制度隨着社會在轉動着，沒有拘束社會的作用和力量，宋則成爲固定的建築，對社會的進展發生相反的作用，這是五代和宋代社會的不同，也就是由此而起的社會制度的性質的不同。

有這一些說明，再看宋之田賦制度，可以充分明瞭牠是怎樣形成的，牠以何種力量存在着了。

（註一）五代會要卷十九，『形勢戶逋欠租稅，不伏縣司徵督。』

（註二）唐會要卷八十四，大中詔書。

（註三）參看本書第七章差役繁重的諸因。

第二章　土地制度

一　官田

官田是土地所有權屬於國家爲國有的財產，歸政府管理，爲私經濟的經營而收其租課，和地主之收地租者相同。官田愈多則政府之財政收入愈大。自兩稅法以來國有的土地多半變爲私產，宋代，除以天荒地逃戶棄地山川陂澤等地以及原屬國有的土地天然的屬於國家，和用政治權力收沒逆產及籍沒犯法官民的田產以擴張官田外，復以租課大於田稅的刺激，遂想出很多的方法增加官田，其最著者爲：一、人民田地與田契相符爲通常的事實，但爲規避租稅及胥吏的欺詐，不符者亦多，政府乃按契約檢覈田地，田浮於契者，沒爲官田，並侵奪下戶的閒田。二、田地買賣後舊契約不再保存以至遺失，乃按田追契，無契者沒官，有契者則尋原賣田者，依次追討舊契，至無契時則將田收沒。三、在檢括民田時以樂尺打量，樂尺小於民尺，量餘的田地則收爲官有指定租課。四、官田在建中靖國後以財政困難屢次出賣，南宋則給鈔（註一）收買，幾等於收沒，並收沒地主限外之田爲官田。這些增加官田的方法除去收沒限外田一條外，無一不與農民之利益相背戾，並且在耕種收租上害民之事仍多呢。

官田依其耕種方法有數種不同的情形：

（一）營田　宋之營田由五代沿襲而來，和唐初之府兵屯田制相同，分散於州縣，不限於邊郡，凡官田所在地多置營田，以營田使或營田事通判領其事，有些地方則以轉運使兼招置營田使。起初以廂軍耕種或招募兵夫，餘田則由弓箭手耕種，官給牛及耕具，每人一頃，有馬者『加五十畝，每五十頃爲一營，』（註二）以耕種成績的優劣爲賞罰。

宋時兵與民迥別，兵由招募而來，不知農事，耕種營田每多逃亡，乃黥面以限制之。兵不能用，遂參招民夫，或徵派民夫佃耕，並有時以罪人之少壯知田者耕種，而收其租。制度不一，爲害更甚。虞允文宣撫四川時，曾上書指出這種弊病：

『軍兵與齊民雜處於村疃之間，恃強侵漁，百端騷擾。又於數百里外差科百姓指數佃耕，間有二三年不得替者，民甚苦之。其租米斗斛歲豐則歸官莊，水旱則保甲均認。』（註三）

因此軍與民交弊，政府亦因費用太鉅，營田所入不敷所出，不能不令民請射佃耕而收其租課了。

（二）屯田　宋之屯田異於唐之府兵屯田，與漢之邊郡屯田相同，置重兵於邊爲屯田，一面可節省糧餉，另一面可保護居民富庶邊地。尤其宋在北地屯田，因地勢高下爲水陸之便，建阡陌，濬溝洫，縱橫交錯以限戎馬。田由軍兵耕種，政府遣官置屯田務，設吏屬以經營之。同時淮南浙江福建等地皆有屯田，亦由軍兵耕種，以兵農分離，技術拙劣，所收之糧不足供給，政府支出耕田經費，且得轉運餉需，大中祥符以後乃改變方策，把屯田『多賦民而權收其租，第存其名』（註四）而已。陳許各地的屯田，陳堯叟則請以『江淮下軍散卒及募民充役』（註五）襄唐二州間屯田之獲利者非由軍耕，『乃強調民夫，借用民牛耕種所致。』（註六）因此民害甚大，用兵屯田的性質漸漸變化。慶曆四年乾脆的罷河北屯田務，令民租佃，各州亦令招人佃種，或募人耕種而收其租，在福州且有父子相承以爲己田者，屯田的意義完全消失了。

南渡後雖有屯田之名，實質上不復是屯田，成爲招人墾荒的性質。最有條理者，爲陳規在漢陽的措置，後推行其法於各州。其要點：一、相險要立堡砦且耕且守；二、官吏兵民各自耕種；三、弓兵平時一半耕種一半留守，急時互用；四、輕立租課，招人耕佃，滿二年不欠租者充作己田，聽其買賣；五、由府縣官兼行管理，不另置官吏。

（三）官莊　屯田營田外，爲政府租課收入之田者爲官莊。凡官田所在地，隨時設置官莊，收地之可耕者，江河漲田，海退泥田，亦隨時設置官莊。官莊以招人佃耕爲主，依照鄉例，令民輸租。官莊的設置每縣以十莊爲則，每五頃爲一莊，所召客戶，五家相保爲一甲，推一人爲甲頭，每莊所屬田地，依地段采畫成圖，並置籍冊開具四至，以千字文編號，以便管理。官莊事務則由縣尉主管，間有不以頃數分莊，而以所收租數爲分莊標準者，每公租達三千石卽置一莊，縣以下設分司，聽民於分司承佃。政府每年照額收租，田地所在地則不注意。

上述營田屯田官莊皆爲官田由政府收租課，以耕種的形式不同而有這些名稱的差異。起初營田和屯田皆以兵耕爲主，和官莊的性質微有不同，兵耕以費大失敗之後，由民佃耕收租課，並多改爲官莊，一切幾完全相同，故官莊在南宋時爲數較多。官莊在土地收入分配上，及強民增租，不從退佃等習慣，和地主之待佃農相同。至是國家爲其地主而亟謀私經濟之收入，以充裕財政了。在外患緊迫，國用不繼，政府下令拍賣諸路官田時，三者同爲出賣的對象，官莊與私人的田地，不同之處更少了。

（四）職田　北魏及周齊官吏有公田，祿俸多在其中，隋唐官吏有職分田，爲俸外之祿田。隨品級之高低，定田數之多寡。五代以來遂廢，眞宗咸平年復置，（註七）以官莊及遠年逃戶田充之，對國家免租稅，招浮客充佃戶，依鄉原例納租課。租之分配州縣長吏十之五。餘則按職位之高下分給於長吏下之人員。職田之數額較唐為低，最多者四十頃，少者二頃。

職田雖這樣規定，實行結果有很多流弊發生：一、地畝不足強令浮客承認租課；二、不問地之厚薄一律令納高額的租金；三、令保正催納，逋欠則由保正代納，或勒人民代納；四、輸送時每額外多取：等等恃勢勒索的弊端不一而足。

（註一）收買之法：宋史卷一百七十三：命會子課日增會子五十萬貫，充買置官田之用，畝超租滿石者償二百貫，九斗者百八十貫，以次遞減。五千畝以銀半分，官告五分，度牒二分會子二分半。五千畝以下銀半分，官告三分，度牒二分，會子三分半。千畝以下，度牒會子各半，五百畝至三百畝全以會子。

（註二）宋史卷一百七十六。

（註三）宋會要吳興劉承幹編，嘉業堂抄本卷二百八十五。（以後簡稱宋會要）。

（註四）欽定續通典卷五。

（註五）同上書卷五。

（註六）獻文通考卷五。

（註七）宋史卷一百七十二。

二　公田

公田所有權不屬於國家亦不屬於私人，所收的租課因之不入國庫，而隨所有權所在歸入特種團體或特別用途。除寺田外，其他各種公田在形式上看像是官田，並設官管理，實質上則絕不相同。不過在宋猶受政府權力的支配，在官田出賣時亦常隨之出賣。依其性質可分作三種：

（一）倉田　宋有常平倉、廣惠倉，前者調劑物價，後者救濟災歉。皆有公田以爲基金，設置官莊經營，如黃岡麻城曾立官莊二十二所，各地多有這種情形，隸屬於總領措置官田所。

（二）學田　學田始於宋代延至現在猶存。牠的主要來源有三：一、熙寧三年以一部官田撥給諸路作學田；二、紹興二十一年命撥僧寺絕產以贍學，並將無敕額菴寺的田地亦撥作學田；三、由學者或官吏捐助。前二者對國家沒有租稅的負担，最後一項捐助的田地原已起稅者，作學田後仍按原數納稅。

（三）寺田　南北朝以後寺院有很大的社會勢力，領有大量土地招佃收租，不對國家納稅。至宋僧尼的社會地位雖然降低，土地稅仍不負担，且侵占民田之風氣猶盛，如宋史載：

福建八郡之田分上中下三等，膏腴者給僧寺道院，中下者給土著流寓。

（註一）

政和元年臣僚亦有這樣的話：

私荒地田法聽典賣與觀寺，（人民）多以膏腴田土作荒廢，官司不察，而民水旱歲一不登，人力不繼，即至荒廢，觀寺得之，無復更入民間。（註二）

寺院恃經濟的優越地位兼併民田，寺田本不輸稅，民田併入寺田亦隨而免稅，原來的民田稅額，不能不敷於其他民田之上，助役錢熙寧變法以寺觀田產出，江南之身丁錢以償之人口出，但寺田仍得保持着不納稅的地位。

（註一）宋史一百七十三。

（註二）宋會要卷二百八十二。

三　民田

民田是所有權屬諸人民而對國家有納稅義務的土地，佔墾田中之最多數。宋代土地兼併盛行，尤其在南宋時，集中的趨勢極為顯明。以納稅的情形來看，可分作形勢戶民田，和普通民田，前者不納稅或半納，後者則全納。所有權的形式雖同，社會的意義則異。

（一）形勢戶民田　唐時官吏有告身不納稅，至宋叫做官戶，差役地稅皆不與聞。官吏為地主的前衛，且為租稅的分配者，私人領有大量土地，更以免差與稅的緣故，貧困農民多獻產於巨室，因此形勢戶擁有更多的土地。民戶負担愈重，國家的收入也日見減少。仁宗即位之初下詔限田，公卿毋過三十頃，衙前將吏毋過十五頃，逾額則輸納稅役。熙甯變法，一面限田，一面令官戶按民例，減半輸稅及役錢。新法未澈底施行，還是：

占仕籍者統名官戶，凡有科敷例各減免，悉與編戶不同。（註一）

至南宋土地愈集中，不納稅的方法也愈多：

邸第戚畹御前寺觀，田連阡陌無慮數千萬計，皆巧立名色盡蠲二稅（註二）貴勢之家有租米及百萬石者對國家沒有絲毫的負担，以至：

小民田日減而保役不休，大官田日增而保役不及。（註三）

（二）普通民田　這種民田佔墾田中之最多數，田之所有者亦是最多數的納稅者。州縣的稅額政府的費用及差役的多寡是有定額的，官戶減半輸納或全免，入民於應負担的稅額和差役外，不得不代負官戶以及寺觀減免下來的稅額和減半的差役，宣和元年臣僚上言：

官戶減役法之半，均入下戶；下戶於常賦之外，又代官戶減半之輸，豈不重困。（註四）

且支移和折納是苛斂的方法，耕官田者除輸畝出租課外更不支移折變，則支移折變的負担不得不移於民田所有者，還有：數百里外徵發民夫及民牛耕種官田以至二三年不得更替；檢視田契無契或田浮於契則強作公田，勒民按租課輸納；更甚者是：

人民要典賣田產，依法合推割稅賦，其得產之家計囑公吏不即過割，致出產人戶虛有抱納，或雖已推割而官司不爲減落等第。（註五）

凡此皆領有少量土地之地主及自耕農，所受額外之損失，亦即宋代農業經營之橫遭摧殘的狀況。

由以上全章土地制度的分析，可得如下的結論：

一、全國的土地無論其性質若何，分別屬於國家、寺觀、教育、人民。收租者爲國家、寺觀、官吏、學校、大地主。以政府和大地主爲大量土地領有者，即大量租課徵收者。

二、收稅者爲國家，因職田、學田、寺田以及形勢戶沒租稅的義務，國家稅務權力之能及者，僅自耕農及小地主。自耕農小地主於常賦之外，須代納官戶寺觀等所減免下來的稅役。土地兼併愈甚，免稅之土地愈多，自耕農及小地主之稅額愈重。這是宋代土地兼併異於兩漢的地方，亦是宋代租稅制度最壞農民受害最甚的地方。

三、由前項已知納稅者爲小地主及自耕農。但自耕農及耕民田之佃農所負常賦及代納官戶的半賦外，常被徵派民夫及耕具短期的或長期的耕種官田，這是最大的損失，也可以說是最大的額外負担。

四、納稅者是佃農、佃官田、公田或民田。佃農和地主的生產關係以地租爲現實的表現，是純粹的經濟意義的，在宋官佃則爲超經濟的意義，而爲政治的強迫，增租可以皇帝命令行之，故佃農受害，官田多至荒蕪。

（註一）宋會要卷二百九十一。

(註二)宋史卷一百七十四陳過疏。

(註三)宋史卷一百七十三謝方叔言。

(註四)宋史卷一百七十八。

(註五)宋會要卷二百九十。

第三章　官田租課

一　起租方法

耕種官田和耕種民田的農戶對土地所有者之有償的報酬，即地租，兩者是相同的。但官田規定租課的方法多於民田，雖是契約的對立關係，每變爲政治的強制關係，起租的方法約有四端：

（一）鄉例起租　宋代官田無論是租課屬於政府或官吏，招佃耕種多依鄉例起租。鄉例起租有兩種情形，一是由官吏調查鄉例規定租率，這是最普通的情形，宋代官田多半是採用這方法。另一是由佃農自陳輸租，建炎收沒蔡京王黼等的莊田以爲官田，仍令原佃戶耕種，租之多少由原佃者自己陳明輸納，並遍令天下，（註一）凡官田皆令農民依鄉例自陳輸租。兩者依鄉例雖相同，後者之彈性則較大。

（二）投標起租　現代雜稅的包商契約成於投標，建築工程或採辦貨物亦多採投標的辦法。宋時在官田租課上已發明了這方法，不僅增高租額，而且輸納確實，地主佔在完全有利的地位。投標的方法，農田所的奏摺說得明白：

遠年逃田、天荒田、草、葑、茭、蕩及湖浮、退灘、沙塗等地，並打量地畝，立四至坐落，著鄉村每圍以千字文爲號置簿拘籍，以田鄰見納租課比撲，量減分數。出榜限一百日，招人實封投狀，添租請佃。限滿拆封，給租多之人。（註二）

在兩浙等地之拋荒田有人請射時，卽用這種投標的方法。

（三）稅率起租　租重於稅是通常的情形，宋代官田散處各地，起租的辦法多不一致。各地官田性質亦因佃耕的久暫而不同。如福州（註三）的官田父子相承以爲己田，雖不能自由出賣，而政府的管理每不能密切施及，故起租的方法也隨着改變。那裏一百零四處官莊，相沿以人民私產例只納二稅代租，換言之，卽是依稅率起租。

（四）官定起租　起租由政府規定，這種情形多在耕荒之始，一面規定起租的期間，他面規定租額的多寡，及其漸進的限度。如初年爲四六分，次年及以後則爲均分，或如初年定爲每百畝起稅四畝以至增至二十畝等。定約之始固須徵求佃者之同意，規定租額的權限則操自官吏。最明顯的則爲增加租額，不服從者卽熟耕數年亦有立行退耕的危險。

(註一)宋史卷一百七十三。

(註二)宋會要卷二百八十二。

(註三)宋會要卷二百八十二。

二　租課制度

起租的則例既如上述，由此而成的租課制度，分作包租和分租兩種制度敘述：

(一)包租制　包租制是不問收益若何，歲收一定地租的租佃制度。因爲數額固定，亦叫做死租，宋代官田由人民佃耕者一部分用這方法收租，有五種不同的情形。第一、不問土地的肥瘠，及性質一律以定量輸納者。紹興五年權發遣泰州邵彪請將營田司荒田令人請射，每畝納課五升(註一)就是實例。

第二、不問土地的肥瘠，只以水陸田定田之多寡，例如陳規措置屯田（註二）出榜招人投狀耕種閑田，定水田每畝秋納硬米一斟，陸田每畝夏納小麥五升，秋納豆五升，並定二年不欠租者充作己業，以廣招徠。

第三、不問土地的類別只以其肥瘠分爲上中下三等定收租之額數。以各地的情形不同，租之多寡亦不同。例如江淮路依民間體例規定租課，（註三）上等每畝起租二斗，中等一斗八升。下等一斗五升。江東西路（註四）上等每畝納米一斗五升，中等一斗，下等七升，亦有上等地納米每畝至三斗二升者。

第四、沙田葦蕩等田則以段或圍爲準而定柴葦若干束，或折納現錢若干，不以畝計算。

第五、包租制中之另一種情形是依稅率起租，福州官田的性質已如上述，而依私產納稅代租的辦法是分田地爲上中下三等，中田每畝錢四文米八升，下田畝

三文七分，米七升四勺，上田不詳。(註五)

(二)分租制　分租制是不問土地之肥瘠和性質，只以收益的數量按成分配給主佃的租佃制度。成分雖固定，數額是游移的，故亦叫做活租。宋代官田招民佃種，一部分實行這種制度。包租制房屋耕具多由佃農自備，分租制則多由官方供給，但所供的耕牛不是無報償的。除正租之外另以牛頭課租，日久牛死，租額仍存，即加於正租之中，致民間相傳叫做枯骨稅，(註六)或是以牛作錢按年償還。名爲官借耕牛，實則等於佃農租賃或自備，而起租反以官借爲準了。

分租制有數種分配法，第一是四六分：

在郢州等處依百姓體例以五頃爲一莊，官給牛五具並種糧等，其所收物斛以十分爲率，四分給力耕之人，六分官收。(註七)

第二是停分：(註八)官田收益以十分爲率，官方與莊戶均停分給。有的除去下年種子再分，有的種子屬官，有的種子屬民。停分之下另一種情形，耕種初年官收四分莊戶六分，次年官與莊戶各收五分。

第三是三七分：（註九）一種情形是逃戶田產官方代爲保存的租制，以租佃課利三分爲率，一分給與佃戶，一分送納入官，一分官中權與收椿，候人戶歸業連原業田產交還。另一種情形，招人耕種被虜人戶田地，依鄉原例或以四六或以三七配分，和現在之三七分租制略同。

第四是按畝定租：衰唐二州荒田甚多，趙尙寬爲唐守勸民墾田，高賦繼之，百畝以四畝起租，（註十）稅輕而民樂輸，境內殆無曠土，轉運司令其增收至二十畝，以畝數起租每百畝收若干畝地租，有確定的規定，似爲包租制。但畝數雖定，而每畝收益是移動的，按畝收租既以收益爲準，應歸入分租制之中，是毫無疑義的，每百畝收二十畝的租，就是百分之二十的分租制。

(註一)宋會要卷二百八十四。

(註二)宋史卷一百七十六。

(註三)宋會要卷二百八十四江淮營田公事樊賓言。

(註四)古今圖書集成經濟編食貨典第二十五卷。

(註五)宋會要卷二百八十二。

(註六)宋史卷三百二十四李允則傳。

(註七)宋會要卷二百八十五。

(註八)宋會要卷二百八十六。

(註九)宋會要卷三百零二。

(註十)宋史卷一百七十四。

三 租課與私租及田稅之關係

官田是國家之私經濟的經營，所收租課爲增加財政的收入，有原始的田租意義。前者和地主與佃戶之關係相同，後者財政收入增加可減輕私田所有之納稅者的負担。然而在實際上，兩者皆失其本來的意義。關於前者，地主與佃戶的關係是經濟的、契約的，地主只能以經濟的優越地位來迫壓佃農，使兩者間之經濟利益的距離日遠。官田的地主是國家，乃超越經濟的及契約的範圍，而施行政治的強制，在這一點上看和封建領主之對待農奴相同。佃民田的佃農以收益的現物或折作貨幣繳給地主，對國家的租稅無所負担。佃官田者運送租物則有水脚，政府雜徵則有抑配，應用物品則有折納，而增加租額則以皇帝的詔命行之，不受命者除退佃之外，還要有犯罪的懲罰。私佃納租所接觸的爲地主或其他代理人。官佃所接觸者爲蠹胥爲倉吏，勒索之害，難以盡述。總此諸端，宋史的評論得到了眞像，史中有這樣一段話：

諸籍沒田募民耕者，皆仍私租舊額，每失之重。輸納之際公私事例迥殊，私租額重而納輕，承佃猶可，公租額重而納重，則佃不堪命。州縣胥吏與倉庫官執事之人，皆得爲侵漁之道於耕者也。（註一）

關於增加財政收入，減輕農民負担，官田的租課也未發生這種效力。官田在屯田營田以軍卒耕種的時候，收益不及靡費之多。改爲民佃起租，每年有租課入國庫，亦以設官置吏開消及侵漁之故，中飽者多，送庫者少。况耕種官田，『每歲於屬縣差借人戶牛具，至夏又差耨耘人夫……秋又差刈穫人夫……』（註二）所徵有至數百里之外，一二三年不得更替者，舍己熟田耕官生田，官田收入不多增加，民田荒蕪則稅收減少。以餘姚一縣而論，『收租不過數千斛，而所失民田常賦，動以萬計。』（註三）由此可知財政的收入未必增加，農民的負担未減輕反加重了。

（註一）宋史卷一百七十三。

（註二）宋會要卷二百八十四。

（註三）宋史卷一百二十七。

第四章　民田賦稅

一　正稅

正稅是對其他雜稅或附加稅而說的。唐建中而後稱兩稅，宋稱二稅。這是國家以政治強制力使土地所有者對國家經費之分担的部份，也是國家收入唯一的源泉。宋之州縣稅額沿襲前代定數未曾變更。這定額是租庸調改爲兩稅法，即以租庸調三者之全額作資產稅的兩稅的稅額，後來資產稅變爲純粹課於土地的稅法，稅額仍沿着不變，歷五代至宋都是一樣。所以至道元年有『天下郡國戶口版籍自唐末四方兵起，版籍喪亡，故戶口賦稅罔知』的（註一）詔書。詔書屢說田地頃畝租稅照常輸納，方田經界之整理，也都以維持原來稅額相標榜，藉以解釋增稅的嫌疑。還有財政窘急的時候，僅爲科斂爲雜斂而不增加原額：這一些全是宋之正稅稅額沿襲兩稅法以後定數的證據，本書第一章已加以明說。不過自五代以來，田制不立，稅則紊亂，雖屢經整頓均未澈底實行，固然影響着政府的收入，國民經濟的及平均的原則，也遺棄無餘了。茲將稅則、稅物、稅收依次述說於後：

（一）課稅準則　宋之州縣稅額，既沿着前代舊制，課稅的準則當亦沿用不變。但宋之土地制度紊亂，民田的墾闢或荒蕪，田地的肥瘠，所有權的轉移，及在兼併之下的僞冒，政府無考按確切的記載，甚而連土地的頃畝都不知道，故課稅準則雖是沿用，而立新法以濟舊制之窮的地方很多。因此，一面顯示出漫無紀制，另一面就如丁謂所說的『二十而稅一者有之，三十而稅一者有之』：（註二）租稅負担極不平均的現象，重則如『邛蜀民田至什稅其伍』（註三）了。在漫無紀制之下，課稅準則可以指出的有五：

（A）以土地面積爲準則：以土地面積課稅是最普通的方法，也是歷代相傳的主要稅法。宋代各地情形極不一致。兩浙以絹米計，（註四）每畝納三尺四寸，米一斗五升二合，桑地每畝納絹四尺八寸二分。原物折價和雜稅的折納至每畝納稅兩千文。

江南東西路每畝稅額據宣諭劉大中言：

徽州山多地瘠，所產微薄，自僞唐陶維（？）將歙縣績溪休寧新門等縣田園分作三等增起稅額，上等每畝至稅錢二百文苗米二斗二升。（註五）

然而婺源一縣每畝不過四十文。

福建每畝稅額和兩浙及江南又不同，以福州一處說，（註六）中田每畝錢四文米八升，下田錢三文七分米七升四勺，上田不詳。

上舉各例有的分爲三等，有的不分等。方田法實行的地方，起初是五等制稅，把一縣的稅額分配於五等土地之上。後來分爲十等，十等之中又分爲上中下三等，分等愈詳，負担愈爲平均。

(B)以收益爲準則：浙西浙東淮東各路有按土地收益課稅的。不過這些地原屬官田，給人民承佃，合法的變爲己業，雖和普通民田不同，而私有的性質業已具備，故應視爲私有民田，納官之物應視爲租稅。以土地的性質分爲兩種：（註七）一是『已業沙田主分所得花利，每米一石十分內以一分立租，』二是、『已業蘆場等地田主所得花利，紐錢一貫，十分以一分五釐立租。』

(C)以耕牛爲準則：以耕牛爲課稅的準則是外標推定法。因爲土地册籍喪失無法征收，不能不採用這種辦法。淳熙七年四川安撫使胡元質言：

鳳州梁泉兩當，河池三縣並成州栗亭以人戶見耕牛數目爲準均敷二稅。以是民間畏避，莫敢畜牛。乞只以至道七年逐州元籍定牛具爲科敷則例，自此如有新添牛具牛畜，更不收入爲額，輒增科敷。從之。（註八）

不僅耕牛，牛具也在推定之例。

（D）以下地種子爲準則：這種方法也是因爲土地册籍喪失，以田畝課稅不能施行，故以所下種子爲準，趙霈言：

岳州自罹兵火，版籍不存，逐年不以田畝收稅，惟以種石紐稅，以種一石作七畝科敷。（註九）

雖是以種子石數爲準則，仍免不了以每畝的稅額來規定。

（E）以丁口爲準則：以丁口爲準則也和上二者的情形相同，因爲失沒了土地册籍，如：

荊湖北路州縣昨經殘破，亡失版籍，乃有以丁增稅者，根括人戶，籍其丁口，使一丁受種七斗以爲稅額，有元係一斗之稅，而家有三丁。則增爲二石一斗之稅，不問其田之多少也。（註一〇）

田多者或丁少，田少者或丁多，無田者或有丁，丁與田之多寡不發生關係，而以丁課稅，勿寧謂爲丁稅。在稅額平均上還不及耕牛及種子較爲眞實。

第一種課稅準則在原定稅額之下，以土地的面積及等第科稅，是最普及最公允的辦法。第二種是新闢土地的起稅方法，第三至第五只有原稅額存在，租稅所根據的土地則不可覆考，故以各種不同的標準均敷既定的稅額。政府只管租稅收入的原額，租稅與土地是否相符，與人民的負担力是否相符，則不暇顧及。欽定續通典卷二載：

川陝廣南之田頃畝不備，第以五賦約之，……此特計其賦租以知頃畝之數，而賦租所不加者，十居其七。

土地制度紊亂，影響於租稅的不均及耗減，使之到了不可究詰的程度。

（二）二稅之物品　宋代租稅的物品，本色與金錢兼納，本色多變爲政府所需要之物，且多折爲貨幣。在此應行注意的就是金銀，尤其是銀爲政府所需要。宋代工業進步，國外貿易發達，貨幣須價値高貴攜帶便利，且能通行各地，纔能適應流通上的需要，銀就是時代的產物。以社會經濟的進展促使貨幣的變化，在社會史上是頗有意義的。茲將文獻通考田賦考所載宋之租稅物品抄後，藉以窺見一斑：

大凡租稅有穀、帛、金鐵、物產四類。穀之品七：一曰粟，二曰稻，三曰麥，四曰黍，五曰穄，六曰菽，七曰雜子。粟之品七：曰粟、小粟、粱、穀、䶢秫粟、秫、米。稻之品四：秔米、糯米、水穀、旱稻。麥之品七：

曰小麥、大麥、靑稞麥、䵃麥、靑麥、白麥、蕎麥。黍之品三：曰黍、蜀黍、稻黍。穄之品三：曰穄、秫穄、穈穄。菽之品十六：曰豌豆、大豆、小豆、綠豆、紅豆、白豆、靑豆、褐豆、赤豆、黃豆、胡豆、落豆、元豆、蕐豆、巢豆、雜豆。雜子之品九：曰脂麻、牀子、稗子、黃麻子、蘇子、苜蓿子、菜子、荏子、草子。

布帛絲綿之品十：一曰羅、二曰綾、三曰絹、四曰紗、五曰絁、六曰紬、七曰雜折、八曰絲綫、九曰綿、十曰布葛。

金鐵之品四：一曰金、二曰銀、三曰鐵鑞、四曰銅鐵錢。

物產之品六：一曰六畜，二曰齒、革、翎毛，三曰茶、鹽，四曰竹、木、麻、草、芻、菜，五曰菓、藥、油、紙、薪、炭、漆、蠟，六曰雜物。六畜之品三：曰馬羊猪。齒革翎毛之品七：曰象皮、麂皮、鹿皮、牛皮、狨、鵝、鴨，雜翎。竹之品四：曰篔竹、箭簳竹、箬葉、蘆蕟。木之品三：曰桑、橘、楮皮。麻之品五：曰青麻、白麻、黃麻、冬苧蔴。草之品五：曰紫蓧、茭、紫草、紅花、雜草。芻之品四：曰草、稻草、穰、茭草。油之品三：曰大油、桐油、魚油。紙之品五：曰大灰紙、三鈔紙、芻紙、小紙、皮紙、薪之品三：曰木柴、蒿柴、草柴。雜物之品十：曰白膠、香桐子、麻鞋、板瓦、堵笪、甆品、苕帚、麻翦、藍靛、草薦。

這些東西的計算法是：

穀以石計，錢以緡計，帛以匹計，金銀絲綿以兩計，藁秸蒸薪以圍計，他物各以其數。（註一二）

把這些東西總計起來看，穀之品名四十九種，帛之品名十種，金屬之品名四種，物產之品名五十二種，加上茶與鹽，共計至一百一十七種之多。而各種計算的單位又多不相同。稅目龐雜，輾轉折納，物價又時常變動，鄉愚易受欺詐，吏胥便於舞弊，宋之租稅制度不良，這是不良中的一面。

（三）二稅之收入　宋代最盛的時候，墾田和戶口較之前代均相差很多。墾田元豐八年，計四百六十一萬六千五百五十六頃，僅及漢時二分之一，不及隋時四分之一，唐時三分之一。戶口元豐六年主客戶共一千七百二十一萬一千七百一十三，口二千四百九十六萬九千三百。戶口超過隋唐，口不及兩漢遠甚，戶多口少又爲特殊現象。雖說北失幽薊，西失靈夏，南不至交趾，爲一大原因，而租稅政策之影響於人戶之登記，及墾田之申報，實爲最主要的因素，俟於第七章述之，墾田及戶口申報減少，租稅的收入即受直接的影響。

夏秋二稅熙寧十年見催額，據文獻通考田賦考記載爲：五千二百零一萬一千零二十九貫石匹斤兩領團條角竿，夏稅一千六百九十六萬二千六百九十五貫匹等：其中銀三萬一千九百四十兩，錢三百八十五萬二千八百一十七貫，穀物三百四十三萬五千七百八十五石，絹帛二百五十四萬一千三百匹，絲綿五百八十四萬四千八百六十一兩，雜色一百二十五萬五千九百九十二斤兩、石、角、筒、秤、張、塌、條、檐、圍、束、量、口。

秋稅三千五百零四萬八千 三百三十四貫匹等，其中銀二萬八千 一百九十七兩，錢一百七十三萬三千零二貫，穀物一千四百四十五萬一千四百七十二石。絹帛一百三萬一千零二十三匹，綿五千四百九十五兩，草一千六百七十五萬四千八百四十四束，雜色一百九十四萬四千三百零一斤、兩、石、口、根、束、領、莖、條、桿、隻、擔、量。

(註一)宋會要卷三百零二。

(註二)宋史卷一百七十四。

（註三）前書卷一百七十三。

（註四）宋會要卷三百。

（註五）宋會要卷二百九十八。

（註六）宋會要卷二百八十三。

（註七）宋會要卷二百九十九。

（註八）前書卷三百。

（註九）宋會要卷二百九十八。

（註一〇）前書卷三百零三。

（註一一）文獻通考卷四。

二　附加稅

（一）附加稅的性質　附加稅是以正稅稅額爲基數，以成數或定數附於正稅之上而加征的稅法。宋代雖沒有這種名稱，很多的稅目，其意義和附加稅相同。因爲拘於舊額，不便變更或是假名愛民不願變更，爲增加稅收計，就採取了這種辦法。宋之科敷或均敷，就是這種意思。這法沿用自五代，宋初正稅之外科敷甚輕，眞宗而後西北兩邊戰備緊繁，國用不繼，科敷逐重。至南宋名目愈多，其方法也愈密，這是緣於國用的情形。再則是州縣稅收悉作上供，州縣的經費唯有於正稅上加數歛取。朱熹曾再三爲言。（註一）慶元時臣僚亦言折科太重，名目不一，州增省額以敷於縣，縣增州額以敷於民。這是緣於沒有地方稅的情形，此外吏胥作弊所加科敷之數更難計算。兩浙州縣多輸綿、綢、絹、茶、米、雜錢叫做六色，皆以市價折納現錢，却別科米麥有畝輸四五斗者，紹興元年朱勝非也說：

正稅外課敷煩重，稅米一斛有輸至五六斛者，稅錢一緡有輸至十八緡者。

（註二）

雖不普遍的盡是這樣重，而科斂的煩苛可以窺見。紹熙時因爲無藝的科斂爲民間大害，漸有了科斂的標準，以納稅者物力之大小，定科斂數額的多寡，那時臣僚所舉的會稽縣情形可以爲例：

會稽縣雷州東管第一鄉第一等田每畝計物力錢二貫七百文，第二等二貫五百文，第三等二貫文，第四等一貫五百文，第五等一貫文，第六等九百文。（註三）

由此看來，宋之科斂就是後世的附加稅，不過名稱和辦法不同而已。

（二）附加稅的稅目　附加稅的意義既明，現在簡述主要的附加稅於後。史家所稱的雜變之賦亦名沿納，以後再說，但附加稅中亦有係沿納者，依其性質應放在這裏的，即在這裏敍述：

（A）義倉稅：太祖乾德元年詔諸州各置義倉，於二稅之上每石別收一斗作為義倉積粟，（註四）以備凶歉給與災民。這是十分之一的附加稅。天禧四年以常平倉粟積有餘，兵食不足，教司農寺拿出倉錢百餘萬緡助三司給軍費，以後隨時移用，不能再有積藏，因此，義倉稅的性質也失去了。

（B）和買：和買本不是租稅，太平興國七年因政府用紬絹甚多，人民亦多以紬絹輸納，每年春天機織開工的時候，貧者不能自給，借貸作本，帛成償債，以時價跌落及倍稱之息的關係，人民吃虧甚大，政府預給帛錢，以便人民及時輸納，人民獲利，官亦足用。大中祥符以後普行於諸路。春給本錢，秋輸絹帛，蠶事不登時准以大小麥折納，立法之意本善。以後給錢少收帛多，民感不便，不願受官錢，而政府則以定額本錢均敷於人民。再後『正月給本錢之法尙載令甲，而人戶鈔旁亦有見錢請給之文，然上下皆知爲具文也。』（註五）於是和買遂爲民間

『白著』之賦，由不便而至於爲害。敷於田畝之上則變爲附加稅。以畝科敷則如前引會稽縣之田畝計算法，臨安府也是以田畝來科敷，每一畝計和買絹帛二尺四寸或二尺六寸，以所納稅錢科敷亦有精密的方法，如鄱陽：

每稅錢百文合敷和買六尺四寸八分有奇。（註六）

以後額數增加到了七尺五寸六分，並且見寸收尺，叫做『合零就整』。

（C）進際稅：進際稅（註七）是錢氏在吳越執政時所置的附加稅。每田十畝虛增六畝即十畝納十六畝之稅；換句話說，就是納十分之六的附加稅。桑地十畝虛增八畝，即十畝納十八畝之稅，附加的更多，因叫做『進際稅』。前者每畝原納絹三尺四寸，米一斗五升二合，增十分之六，即每畝增納絹二尺零四分，米九升一合。後者每畝原納絹四尺八寸二分，增十分之八，即每畝增納絹三尺八寸五分。和買尚不在內。宋下吳越，進際稅沿用不替。

（D）牛革稅：牛皮牛筋爲製造軍器的材料，五代爲政府收用或出錢收買，嚴禁出境，以死刑限制。牛死不經官廳驗視不准剝皮，驗視又經很多的手續，人民極感不便。周廣順中，把牛皮帶筋角作稅，隨兩稅輸納，每田十頃納牛革一付。（註八）宋仍沿着這種制度。建隆四年定牛皮一張并隨筋角共折納錢一貫五百文。開寶八年以之附加於田畝之上，詔租每二十石輸牛革一張，折錢一千。西川尙存前代牛驢死者革盡輸官的弊制，是時亦以每民租二百（按：疑爲十字）石輸牛革一張，並准折錢一千五百文了。

（E）頭子錢：頭子錢亦始於五代，那時的數目不詳，開寶六年令川陝人戶兩稅輸納錢帛，每貫收七文，每匹收十文，絲綿一兩茶一斤，桿草一束，各一文。熙寧二年每石亦收五文，並把這種制度普行於各路。紹興五年以後，各種雜稅出納每貫收二十三文。至二十三年諸司錢物不復分別一律每貫收四十三文。乾道元

年又加收十文，每貫共爲五十三文以爲定制。（註九）

（F）法定加耗：征收於元額外加耗，本是征收制度上的弊端，自五代以來已形成一種習慣，政府立法承認他的存在，叫做『官定正耗』。已由弊端進而爲法定的税制，即所謂法定附加税了。各地的情形不同，大約正税一石收耗一斗四五升，每草十束收耗一束，法久弊生，每石增收至五六斗以至加倍，即草不足束，少至一斤一兩，（按：草一束重十三斤）亦按例納耗一束。

（註一）文獻通考卷五。
（註二）同上書卷。
（註三）宋會要卷三百。
（註四）宋史卷一百七十六。
（註五）文獻通考卷二十孫逢吉言。

（註六）宋會要卷三百。

（註七）宋會要卷三百。

（註八）五代會要二十五。

（註九）文獻通考卷四。

三　雜稅

（一）雜稅的性質　雜稅是對正稅說的，有兩種含意。第一是沿襲自前代的，爲宋代國家稅收之一，即所謂『雜變之賦』。馬端臨說：

自唐以來民計田輸賦外，增取他物復折爲賦，即所謂雜變之賦也，亦謂之沿納，而名品煩細，其類不一。（註一）

紹興十八年知蘄州呂延年上言：

> 五季時江南李氏暴斂害民，江西一路稅苗數外倍借三分，以應軍需，本朝官司名為沿納，蓋謂事非創立，特循沿李氏舊法也。（註二）

由此可知雜稅是沿襲前代加於田畝上的苛斂，以財政收入的關係不予免除，仍行沿用的稅法。這種稅既沒有一定的稅則，復沒有確定的稅額，時而增加，時而減少，一任暫時的財政的急需，及官吏的作弊；征收沒有定制，只是每年附屬於二稅帳籍之上，隨時得以因緣侵擾。明道中以這些稅賦害民，詔三司將沿納物并合，於是諸名物品併為一物，僅分粗細二色。但物雖合併，稅仍存在，對於人民的負担不生影響。

第二宋代田賦制度不良，復沒有確定的辦法，一切承襲前代的舊制。稅收拘於舊額不便增加，田畝隱占侵蔽，更致田稅日減，屢經整理不能澈底進行。真宗後西北兩邊外患日亟，軍用浩繁，南渡後疆土大蹙，度支不減，於是於舊額之上加重科斂，科斂之外巧立名目增設雜稅。所以當時有『無名配率』「無名上供』及『科斂無藝』等等說法，正稅之上的雜稅之亂而且重，可以推知了。

宋代田賦上的雜稅，一面沿襲，一面增設，其間減少數額或除去的也很多，能只略述這些雜稅的名色。

（二）雜稅的稅目　宋代雜稅之多幾乎不可勝數，有的施於一切租稅之上。有的限於一時一地。詳述既佔篇幅且無趣味，現在僅略述其梗概，以表示宋代租稅之漫無紀制，和人民負担之特重而已。

（A）農器稅：農器納稅是五代以來很普遍的稅法。宋初仍然沿用着，大中祥符三年才詔免諸路州軍農器收稅。五代時每田一畝納農器錢一文。（註三）宋代數目不詳。

（B）支移脚錢：支移的意義是『其輸有常處，而以有餘補不足，則移此輸彼，移近輸遠，謂之支移。』（註四）這本是爲征收及稅物上解便利而所定的方法，在施行上，政府卻舍却了便利的意義而以收錢爲目的，遂有毫無道理的支移。元祐元年劉誼言：

> 欽橫二州每年支移百姓苗米，納於邕州太平諸寨，廉州米納於欽州，白州米納於廉州，化州米納於雷州，高州米納於容州類皆陸行，近者十程，遠者二十程。（註五）

這樣徒勞人民的循環支移就是想教百姓出錢。陝西轉運使呂大中假支移之名，令農民每斗輸錢十八文，這是支移折錢之始。以後遂由政府規定了支移或納錢的辦法，第一二等稅戶支移三百里，第三四等二百里，五等一百里。不願支移者則輸納路程所需要的脚錢。脚錢實行的結果，一石有貼三斗七升者，一斗有納錢五十六文者，比增加三分之一的稅額還要重。

(C)折變增額：馬端臨對折變所下的定義是：『入有常物，而一時所須則變而取之，使其值輕重相當謂之折變。』(註六) 此卽五代以來本色折色之說。納稅者僅有小不方便，而政府則得應其所須，並不能視爲害民的征收法，故以每月初旬之市場價格爲準估計中價，互爲折變，法久弊生折變遂爲政府增加收入的方法，且爲吏胥欺詐的工具。人民原以本物納稅改爲以錢納時，則將物價估高，如四川『折帛錢太重，絹一匹之直私下不及五千，而官估則取十千，他物之估率皆稱是。』(註七) 人民原以錢納稅改爲以物納時，則將物價估低，如孟州溫縣小麥實值錢一百二十，而折價止五十二；潁州汝陰爲錢一百一十，折價止三十七。南宮絹匹爲錢千三百，止估五百，綿兩爲錢七十六，止估三十。類似這樣的例子不勝列舉，最甚者是輾轉折納。宣和七年言事者論：『旣以絹折錢又以錢折麥。以絹較錢，錢倍於絹，以錢較麥，麥倍於錢。』(註八) 這就成了四倍。紹熙元年臣僚亦言：『今之爲絹者一倍折而爲錢，再倍折而爲銀。銀愈重，錢愈艱得，穀愈不售。』（註五）這不僅是四倍了。所以折變的結果是人民於『常稅之外增五七之賦』。

（D）收撮課子：興紹六年御史周秘上書說出這種稅的情形，他說道：

閩州縣有收撮課子之例，夏則撮麥，秋則撮穀，又有助軍米，借牛租名色，十一往往取至四五分。（註一〇）

（E）罰稅：人民析居照例加稅，謂之罰稅，行於貝州一帶，抑普行於各地，以及稅率若何，均不詳。

（F）斛面：斛面係納稅時以斛斗量穀，將斛之上面突起，以便多收，叫做『斛面』，本是征收上的弊端。五代時政府雖時下令禁止，但仍然存在，增加之物歸於倉庫，無甯謂爲政府法定的稅收。宋猶有這種習慣，而方法則更精密，宋之量器斗斛，由文思院官製，州縣官吏則將斛上口所鑲之鐵起下，另箍以木，使斛增高，再將鑲鐵安置，納稅者不知所以，負担就加重了，較之單純的斛面爲數更多。

（G）其他諸色雜錢：宋時加於田畝上的雜稅，除上述六種之外，還有很多的名色；多盛行於南宋。有的普及於各種稅收之上，有的於田賦無關，有的通行各地，有的止限於一地。茲略爲分類不加解說的列名於後：

一、經總制錢——經總制錢內有：免行錢、減能曹官役人錢、鈔旁定帖錢、院虞候充獄子重祿錢、牛畜等契息錢、樓店三分房錢、耆戶長傭錢、抵當庫椿四分息錢、轉運移用錢、勘合朱墨錢、進獻納貼錢、常平司七分錢、茶鹽司袋息錢。（註十一）

二、月椿錢——江浙轉運使言月椿錢之主要者：有麴引錢、納醋錢、賣紙

錢、戶長甲帖錢、保正牌限錢、折納牛皮筋角錢、兩造不勝罰錢、勝納歡喜錢。（註十二）

三、板帳錢——兩浙運判耿秉言板帳錢之所出如下：

以納斛斗則增收耗剩，交錢帛則多收縻費，幸富人之犯法而重其罰，恣胥吏之受贓而課其入。……已曾絕戶不候覆實而拘籍入官，產逃廢田不與銷豁而逼勒塡納，遠債之難索者，豪民獻於官，則追催甚於正稅；私納之爲罰者，仇家訟於縣則監納過於贓錢。賖酒不至於公吏，而抑配及保正戶長，檢稅不止於商旅，而苛稅及於盤合匳具。今年之賦稅已足，而預借於明年，田產之交易未成而探契以寄納。其他如罰酒、科醋、賣紙、稅醬、下拳錢之數，殆不可以遍舉。（註一三）

(H)預征：預征不是加征，納稅者受害有甚於加征。因爲夏稅未收預借秋科，秋科未完預借明年夏科，連續不止，卽如言事者所說：

預借一歲未已也至於再，至於三，預借三歲未已也，至於四至於五。竊聞今之州縣有借淳祐十四者矣。（註一四）

此書是陳逑魯於淳祐八年上的，至十四年則預征已到了六年。預征六年的田賦，人民負担就是六倍了。

（註一）文獻通考卷四。

（註二）文獻通考卷五。

（註三）五代會要卷二十二。

（註四）文獻通考卷四。

（註五）宋會要卷一百九十八。

（註六）文獻通考卷四。

（註七）宋會要卷二百九十九。

（註八）宋史卷一百七十四。

（註九）宋史卷一百七十四。

（註一〇）文獻通考卷五。

（註一一）文獻通考卷十九。

（註一二）文獻通考卷十九。

（註一三）文獻通考卷十九。

（註一四）前書卷五。

四　進奉

宋之進奉是於皇帝個人或國家有喜慶大典時，如南郊、同天節等類的聖節節目，諸路都有進奉上來，所供的數目似有一定。並限定州縣的羨餘，但這是稅外的征收，以之科敷於人民，即課敷於田畝之上，是毫無疑義的了。茲將諸路的進奉額列表於後：

（一）同天節進奉表（文獻通考卷二十二）

路別	金（兩）	銀（兩）	錢（貫）	絹（疋）
京東路	二〇〇	五、五〇〇	四、三二四、七〇〇	七、三〇〇
京西路	一〇〇	七、一〇〇	二、六〇九、四七五	
淮南路		九、二五〇	一、〇九七、二三一	
兩浙路		一一、八〇〇	五、五〇〇	
江南東路		六、〇〇〇	五八〇	四、〇〇〇
江南西路		一四、〇五〇		二、五〇〇

荊湖南路		九、三〇〇		
荊湖北路		八、一〇〇		
福建路		一四、〇〇〇		
廣南東路		四、〇〇〇		
江淮荊浙發運使副各		五〇〇		
江淮等路提點鑄錢司		一、〇〇〇		
總	三〇〇	九一、〇五〇	八、〇一九、四七六	一三、八〇〇

（二）南郊進奉表（文獻通考卷二十二）

路別	金（兩）	銀（兩）	錢（貫）	絹（疋）
京東路	七〇〇		六〇五	一、三〇〇
京西路	一〇〇	一、三〇〇	二、一一〇	一五、五〇〇

淮南路		三、五〇〇	六、一三九、五一二	一五、〇〇〇
兩浙路		九、五〇〇		八、五〇〇羅
江南東路		五、五〇〇	五八一、一六九	九、〇〇〇
江南西路		一〇、五〇〇		四、〇〇〇
荊湖南路		一、三〇〇		
荊湖北路		七、八〇〇		五〇〇
福建路		二三、〇〇〇		
廣南東路		三、〇〇〇		
廣南西路		五〇〇	二三〇	
總	八〇〇	六五、九〇〇	六、七二三、六二六	五四、八〇〇

五 常貢

宋之常貢和唐之常貢相同，爲各地之特產，珍奇物品、藥物等，適於皇帝個人及其家族之享樂品及必需品。起初在賦稅之內，以賦稅折納或購買，久則沿成慣例，爲一定上供之物，且爲賦稅以外之物。雖爲數不多，徵集及運送則爲費甚鉅。因此，間接的增加了納稅者的負担。各地所納物品及數量和唐諸郡所供者諸多相同。詳載於欽定續文獻通考卷八，不再轉錄。

第五章　土地整理與均稅

一　賦稅不均之關於土地的諸因

賦稅負担不均，由第二章土地制度及前章正雜各稅上可以看出。不均的原因在賦稅原額承自前代，而各地的或私人的經濟變動、人口之增加、土地之開墾與荒棄，也是很大的原因。此外還有使賦稅不均之程度更甚，爲害於人民及政府收入更烈的原因在，約言之有四：

（一）土地版籍的喪失　宋代戶口和土地的記載，猶沿用自唐末以來傳下來的版籍，中經五代之亂多有喪失，宋初曾令州縣重修而缺點甚多，復有以兵亂被燬者。所以許多州縣只有稅額並無土地畝數，不以下地種子派徵即以耕牛均數，或以丁口科數。準則愈不一，賦稅愈不均，即使徵派準則劃一，然無土地畝數，稅額是無可附着的。

（二）豪強侵佔和兼併　宋初官戶不納稅，即所謂形勢戶亦多不納稅。他們肆意兼併，阡陌相望，多屬無稅之地；且其鄰里親戚以及不堪賦役之擾的下戶，亦多以土地附屬於大戶之下，以求避免。因此土地多屬於不納稅的豪強巨室，所遺留下來的賦稅不能不均攤於民戶身上，結果是土地多者稅益輕，土地少者稅益重。

（三）土地肥瘠和買賣推割　土地有肥瘠，稅率當有高下，但富者跨州連縣務占膏腴，不負担上等地的賦稅。且豪強買地不辦推割，（註一）土地巳屬買者，而稅額却仍在實者身上。因此瘠薄土地不能不和肥沃者一樣出稅，無地者亦須代有地者納稅了。

（四）戶口土地册籍之失實　戶口是變動不居，土地也是常常移轉的。宋代對戶口及土地之登記異常疏略，復以租稅制度之故，使人民在戶口上圖賦役之規避，且將土地呈報荒棄而另由他人耕種。考按帳籍有人無地，有地無人，以人不能尋地，以地不能尋人，僞冒相襲，帳籍等於具文。賦稅以土地的肥瘠均配按册籍固然是辦不到，即以地畝均配册籍，也失去了牠的效用。

由這些原因生出賦稅不均的結果，依時代之轉變，而有檢田方田經界等整理土地平均賦稅的方法。南宋不均的情形，俟於述經界時再補充之。

（註）宋會要卷二百九十

二　檢田

檢田均賦是五代周顯德以來，明道方田以前之增加稅收平均負担的辦法。但在方田及經界停止進行的時候，檢田仍不時施行。因爲檢田較之方田和經界是維持現狀的極溫和的辦法，而其目的和方法及實施的範圍亦多有不同。檢田一面查勘逃戶田地及荒地，一面檢視水旱災傷，藉以達到『務均輿賦』的目的。

（一）查勘逃戶田地及荒田　宋初形勢戶田多稅少，貧弱戶地薄稅重，租稅集中於下戶，不克負担者每多百計規避，以圖減輕。因此，有如淳化詔書所說的情形：

匿比舍而稱逃戶，挾他名冒耕墾，征役不均於苦樂，收斂不適於輕重。（註一）

又如宋史所說：

畿甸民苦稅重，兄弟旣壯乃析居，使聚稅於一身，卽棄去，俟縣除其租，則還而匿他舍，冒名佃作。(註二)

亦有吏胥利用逃戶除租的法令，私自揑報，所除的租稅卽歸他收用。由這些情形看，逃戶未曾逃去，田地因不至荒棄，卽眞有逃亡，亦未必良田荒蕪無人代耕。所以後來呈報戶亡田荒的時候，卽令鄉胥指定逃田的坐落，建隆四年下『自今有逃者本州具戶籍頃畝以聞卽檢視之』(註三)的通令，卽檢查逃戶田土是否眞實無妄，而減免他們的租稅。

荒田多以地味瘠薄不堪耕種或課稅煩重不能耕種，以至長期荒蕪，陳靖上言『今京畿周環二三州幅員數千里之地，墾者十才二三，又稅之入者十無五六。』(註四)以耕墾起科的苛歛，使人民不敢耕作，然偸耕不課稅者在這些田中竟佔十之五六，這使檢視墾田的時候，這種荒田亦在檢視科稅之列。

再一種情形是地味肥瘠的變化，人民貧富的升降，檢視的時候，增加或減少其租稅。政和元年王覲奏：

昔有者今無，昔肥者今瘠，官司拘於租賦莫肯蠲除，人戶苦於催科不無差誤。欲委官悉心體究，凡如上件有帳而別無土田，及雖有土田而弗堪耕種者，其夏秋二稅依法開閣放破施行。（註五）

（二）檢視水旱災傷　檢田的另一種職務是查視災傷。以田苗被災的成數，定蠲減的標準，並檢視見苗之有無，無苗者免稅。檢視的辦法，凡呈報「災傷田段，各留苗色根槎，未經檢覆，不得耕犁改種」，（註六）因此多至耕耨失時爲民大害。檢視確實得以減免租稅猶有可說，乃檢視的官吏以跋涉田畝爲勞，差遣吏胥辦理，卽在寺廟或人民家中合集災傷人戶由他們自報，以賄賂之多寡，定賦稅之蠲減。

這種檢田辦法，在太祖建隆初年曾雷厲風行的去辦理，且有括田不實杖流館陶令於海島的罰辦官吏的實例。終以檢田擾民，時行時能。以田定稅，『務均輿賦』的目的也未能達到。這種均稅的政策以及較爲澈底的辦法，不能不待方田了。

（註一）文獻通考卷四。

（註二）宋史卷一百七十三。

（註三）宋史卷一百七十三。

（註四）宋史卷一百七十三。

（註五）宋會要卷二百八十一。

（註六）宋會要卷二百八十一。

三 方田

方田之法倡行自郭諮，以東西南北各一千步爲一方，當四十一頃六十六畝一百六十步，以一方爲單位清丈土地，故叫做方田。明道三年諫官王素奏天下田賦輕重不等請均定之，歐陽修也極力主張，因爲郭諮和孫琳在洺州肥鄉縣實行過，卽遣他往蔡州辦理，方田遂成爲公認的整頓田賦的要法，然未幾遂罷。熙甯五年重修方田法頒行天下，爲王安石新政之一。（註一）其情形如下。

（一）方田與土地等第　過去土地多以三等立稅。方田實地測量，一面隨陂原平澤定土地的形勢，（註二）他面因赤淤黑壚辨土地的性色，以地形及地色參定土地的肥瘠，分爲五等以定稅則。後以五等不足盡土地肥瘠的等第，乃改爲十等。河北西路提舉常平司奏所在地色極多，稅分十等，尙難平均，第一等出十分之稅，較之第十等出一分之稅，輕重猶相懸殊。遂於十等之地再分上中下三等，折畝均數。即十等內上等地依元數，中等地以十五畝折一畝，下等地二十畝折一畝，等第愈爲細分，稅之負担愈適合於地之肥瘠，租稅即愈平均。

普通土地分等第之外，若瘠鹵不毛、路道、溝洫、墳墓及衆所食利之山陂林塘均不立稅。

（二）方田與稅額　方田與租稅原額的收入不發生關係，因爲方田的目的在均稅不在增稅，這是方田詔書屢次聲明的。均賦的辦法是以各縣租稅之原額，分配於清丈後確定之田畝。清出之土地多時，租稅減輕，土地少時則負担加重。如此，一縣之內租稅之負担算是得到了平均，州縣相互較量則不均如故，所以清出窩套地（按即現在之插花地）時，即發生問題。如插花地屬乙縣，坐落在甲縣。以之屬於甲縣則甲縣之租稅減輕，以之屬於乙縣則土地的紊亂不能糾正，因爲拘於不增加稅額之名，而機械的施行，遂發生了仍是不均的現象。

再則是奇零的問題。舊制米不及十合以升收，絹不滿十分以寸收之類，輾轉增收，舊額溢出甚鉅，這是征收上的大問題，也是使吏胥易於作弊的機緣。宋初曾屢次下令禁止而捲尾增收如故。方田則用分合的零數，禁止越額增收。

（三）方田之實施及嗣後土地之處理　方田於每年九月農隙時，從各州最不均之縣份開始辦理，縣置指教官，路置檢驗官，負指導及巡驗之責。方田時每方差大甲頭二人，以本方內的上戶充任，小甲頭三人，幫同清丈。將方劃定後，召集方內的人戶各認步畝，方田官親自驗視，記出地形及地色，勒令甲頭及人戶同定地之等第，將等第及段步寫成草帳，於每段長寬步數下各計定頃畝，官方募人覆寫，更別造方帳。於明年三月完畢，揭示曉衆，以一季內無訟即爲方戶所公認，寫成戶帖甲帖莊帳。戶帖連莊帳，一塊兒送給地主以爲地符。（註三）

方田之角立土爲峯，並植其土所適宜的樹木以爲表誌。

方田確定以後，官給文契塡寫地數，於縣內置簿。（註四）以後人戶之分家析產，典賣割移，皆以所方之田爲正，卽以登記於縣簿者爲正。

（四）方田之効果及廢置　方田之目的在均稅，以普遍的情形看，固然有很多的缺點，然在一縣之內實有相當的効果。郭諮括蔡州一縣得田二萬六千九百三十餘頃，豪強侵佔隱匿從不立稅的田地皆須與小戶一律共同負担賦稅，且土地之肥沃者多爲豪富所有，瘠薄者方屬貧弱，一樣納稅因爲不均，三等五等，也是不均，令肥者十五倍二十倍於瘠者，磽地的小戶方始公正的得着平允，豪強吏胥不得再巧施其權勢和奸詐。蔡京有一段話說出田賦不均的原因及方田的利益：

自開阡陌使民以田私相貿易，富者恃其有餘，厚立價以規利；貧者迫於不足，薄移稅以速售：而天下之賦調不平久矣。神宗講究方田利害，作法而

推行之，方爲之帳，而步畝高下丈尺不可隱，戶給之帖而升合尺寸無所遺，以買賣則民不能容其巧，以推收則吏不能措其奸。（註五）

方田的効果既顯著，爲什麼時行時罷呢？主要的原因是方田優厚了貧弱下戶，而制裁豪右巨室，則後者的反對遂成了方田最大的阻力。當時的名流人望如文彥博富弼韓琦司馬光諸人以貧者是咎由自取，皆站在富豪那方面來反對方田，阻力更加強烈了。

實施方田之事實的表現，也減少了施行的力量，換句話說就是官吏的營私舞弊，舍棄了方田均稅的目的，至使良法無由實行。弊端之最要者，爲：官吏憚於跋涉不躬親驗視，一切付之吏胥，故賄賂公行，高下失實，縣之稅額原定不動，而有『蹙利』（按額外加多之剩），山林不予立稅，而不食之山亦在被方之列，令人民出芻草之値。還有如宋史所載：

有百餘畝方爲二十畝者，有二頃九十六畝方爲一十七畝者，虔之瑞金縣是也。有租稅十有三錢而增至二貫二百者，有租稅二十七錢而增至一貫四百五十者，虔之會昌縣是也。（註六）

政和八年的詔書也說明了官吏作弊和方田的結果：

方田之法本以均稅，有司奉行違戾，貨賄公行，豪右形勢之家類蠲賦役而移於下戶，不特困弊民力致使流徙，常賦所入，因此坐虧歲額至多。（註七）

反對者之阻力甚強，官吏又不按照有益一般人的法令執行，終於時行時止之下，而廢置了。

（註一）宋史卷三百二十七王安石傳。

（註二）宋史卷一百七十四。

（註三）宋會要卷二百八十六。

（註四）宋史卷一百七十四。

（註五）宋史卷一百七十四。

（註六）文獻通考卷四。

（註七）宋會要二百八十六。

三 經界

南宋的社會，繼續北宋的趨勢而更爲進展，商業愈發達，土地也愈爲集中，大地主收租有至百萬石者，收租多納稅反少，侵佔土地，庇護稅役，小有產者日益貧困，國家收入日益減少。李椿年疏及所陳經界不正之十害，很深切的指明了社會情形。在方田廢置之後，爲增加稅收及平均負擔，經界法是最切時弊的辦法，紹興十二年李椿年上書道：

兵火之後版籍散亡，戶口租稅雖版吏尙無所稽考，況州縣乎？豪民猾吏因緣爲奸，機巧多端，情僞萬狀，以有爲無，以彊吞弱，有田者未必有稅，有稅者未必有田，富者日益兼併，貧者日益困弱。（註一）

他繼續陳經界不正之害有十：

一、侵耕失稅，二、推斷不行，三、衙門及坊場戶虛借抵當，四、鄉司走弄稅名，五、詭名寄產，六、兵火後稅籍散失爭訟日起，七、倚閣不實，八、州縣隱賦多公私俱困，九、豪猾戶自陳詭籍不實，十、逃戶田稅偏重人無肯售。經界正則害可轉爲利。（註二）

他並舉出平江爲例，歲額原爲七十萬斛有奇，今按籍雖有三十萬斛，實收才二十萬斛，稅收之減削於欺隱中者爲數之鉅可知。所以他即提出經界辦法從平江起實行。所以敍述南宋之經界法，以李椿年爲主，次及趙懸夫及朱熹兩人的辦法。

（一）李椿年經界法　李椿年經界法以砧基簿爲主，只要砧基簿詳實無隱，卽官戶民戶把所有的田地盡塡進去，欺隱侵占的田地就得出稅。所以他的辦法是以土地畝數來均稅，不是和方田一樣以地畝及地之肥瘠等第來均稅，辦法要點如下：（註三）

一、設立措置經界所，差本路精明官吏隨同辦理，並得更換縣令丞之才短者。

二、以都（按都爲縣以下之政治組織）爲經界實施的單位，令官戶民戶各依式造砧基簿。砧基簿的內容：戶主姓名，田地頃數，田地四至，田地坵段，典賣或租產，如係典賣原主姓名，並依地形畫圖。

三、砧基簿及地形圖造畢，都耆鄰保召集田主及佃客逐坵計畝角押字，保正長於圖之四正押字，並申結罪狀。

四、砧基簿、文契、圖形、及結狀一同送交縣政府，縣政府點驗、印押、類聚，限一月繳措置經界所。

五、措置經界所差官按圖勘驗，如有不實不盡者重行勘斷。

六、砧基簿勘視及審査屬實，即給付人戶永爲執照，以後田產交易，兩家各齎砧基簿及契書，赴縣對行批鑿。

七、人戶田產多，及有契書而不上砧簿者査出沒官。

八、每縣逐鄉砧基簿除人戶自藏者外共造三本，一本存本縣，一本納州，一本納轉運司。

砧基簿如詳實，淸出的田地一定很多，即以全縣田地及原賦稅額數分配賦稅，打量出來的寬剩畝角，不另增稅，過有爭訟則設法對換產稅，州縣租稅簿，亦按發下的樣式另造。

（二）趙懇夫經界法　趙懇夫在婺州行的經界法，比李椿年在平江行的更詳盡。懇夫在職未久即去，趙師嵒繼之，後魏豹文又代師嵒繼續進行，才把婺州辦理的『整有倫緒』。他們的辦法，不僅關於土地，連戶口資產一同調查着，所立的册簿很多：一、甲册，二、戶產簿，三、丁口簿，四、魚鱗圖，五、類姓簿，最有關於田稅者爲魚鱗圖，凡業主姓名、田產地段、田地四至等各以字號編入圖册。田地不能欺隱，田稅即不能逃脫。其餘四種册簿是整頓田稅的副產，然戶產簿於役錢，丁口簿於丁口賦有直接的關係，也就是基本的整理。所以在田賦整個的意義上看，趙懇夫的辦法較李椿年更爲詳盡，宋史贊揚他的辦法，說道：

於是向之上戶析爲貧下之戶，實田隱爲逃絕之田者，粲然可考。（註四）

（三）朱熹經界法　朱熹的辦法未能實行，他所定的原則，有幾點較勝於李椿年趙懇夫經界法及熙寧方田法，以後再作比較，先述他的辦法。他說道：

經界為民間之大利，紹興已推行處，圖籍尙存，田稅可考，貧富得實，訴訟不繁，公私兩便，獨漳泉汀三州未行，細民業去稅存不勝其苦，而州縣坐失常賦，月朘月削安可底止，臣不敢先一身之勞佚，而後一州之利病。（註五）

他由此定下了經界的原則，亦籍他的話來說明：

然行之詳則足為一定之法，行之略則適滋他日之弊。故必擇官吏，委任責成，打量步畝，算計精確，攢造圖帳，費從官給，隨產均稅，特許過鄉通戶均紐，庶幾百里之內輕重齊一。（註六）

他的辦法是把租稅簡單化，使各種田地及各種田稅歸併於一個標準之下，一面便於管理，另一面便於輸納；前者利在政府，後者利在人民。他自述他的辦法如下：

本州有產田（按：私有田）有官田、有職田、有學田、有常平租課田，名色不一，租稅輕重亦各不同……今欲每田一畝隨九等高下，定計產錢幾文，而總一州諸色租稅錢米之數，以產錢爲母，每一文納米幾何，只就一倉一庫受納，既輸之後却照元額分隸爲省計，爲職田、爲學糧、爲常平，各撥入諸色倉庫。（註七）

田畝的簿册亦擬定了辦法：

除二稅簿外，每三年鄉造一簿，縣造都簿通載田畝產錢實數，送州印押，付縣收管。民有交易，對行批鑿，則版圖一定而民業有經矣。（註八）

朱熹常謂經界半年可了，以半年之勞，而除數百年之弊，向後亦須五十年不壞，因此他下了決心，令四縣建築四樓以貯藏簿籍，州建一樓以貯藏四縣圖帳，條劃既備，普遍的榜示郡境。一般人知道既不擾害又有利益，莫不鼓舞待行，但他在定法之始，即料定必有富豪的阻礙，他預先說道：

此法之行貧民下戶皆所深喜，然不得自達其情；豪家猾吏實所不樂，皆善辭說以惑羣聽。賢士大夫之喜安靜、厭紛擾者，又或不深察而望風沮怯，此則不能無慮。（註九）

結果是不出朱熹所料，豪貴巨室佔田隱稅者力持異論，並進狀朝廷，經界作罷論，熹亦去職。

（四）經界之實行及其結果　李椿年倡行經界法，欲於平江一府推行江南各地，以朱熹『經界最爲民間之大利，紹興已推行處圖籍尚存，田稅可考，貧富得實，訴訟不繁，公私兩便，獨漳泉汀三州未行……』一些話來看，經界不僅推行之處甚多，效驗且大著，因爲政府迫於稅收之減削，不能不決心實行，藉以整頓久已紊亂的田賦。

經界之實在的效果，可拿幾個人的話來說明。經界原來的目的，是『產有常籍，田有定稅，差役無詞訟之煩，催稅免代納之弊』。（註一〇）這是王鐵代李椿年指置兩浙經界時對外宣佈的話。經界在各地施行後，因爲册籍明析確實，叫做『紹興籍』，其效果如何可以推知了。趙順孫也說道：

因其鱗差櫛比而朮焉，由一而至百，由百而至千，由千而至萬，稽其畝步，訂其主佃，亦莫鄉都之便也。（註一一）

都爲經界的單位，都內人戶各造砧基簿，經過這一次整理，各戶的物力和稅額皆容易知道。李墉論經界，說道：

乃若推排之法，不過以縣統都，以都統保，選才富公平者，訂定田畝，載之圖册，使民有定產，產有定稅，稅有定籍而已。（註一二）

爲都保正、保長這些差役的人，在經界已實行的地方可免去以往輪充差役的禍害，趙順孫又說道：

嘉定以來之經界，時至近世，官有正籍，鄉都有副籍，爲鄉都者，不過按成牘而更業主之姓名。……（註一三）

（註一）宋會要卷二百九十一。

（註二）文獻通考卷五。

（註三）根據宋會要卷二百九十一。

（註四）宋史卷一百七十三。

（註五）文獻通考卷五。

（註六、七、八、九：）文獻通考卷五，並參看圖集成卷六十弘所條奏經界及申諸司狀。

（註一〇）宋會要卷二百九十一。

（註一一）宋史卷一百七十三。

（註一二）宋史卷一百七十三。

（註一三）欽定續通考卷二。

五　檢田、方田、經界對於土地整理與平均賦稅之比較

檢田、方田、經界皆是因平均賦稅而起的土地整理的辦法，在中國土地問題上和租稅問題上發生相當的意義和作用。檢田僅是查勘逃戶田地與荒田，及檢視水旱災傷，藉以決定租稅的減免，是很溫和的辦法，缺乏積極的整理意義，不能和方田及經界對等來看。現在就方田經界兩者之實施的內容，比較兩者對於土地整理和平均賦稅之應有的作用，雖然那時的目的只在後者。

（一）方田經界之對於土地整理　方田實施的辦法在以東西南北各一千步為

一方以清丈土地，在清丈的時候，辨土地之赤淤黑壚，定土地之陂原平澤，辨土地的肥瘠，決定土地的等第，以方帳爲基礎，連戶帖莊帳發給人戶收執爲地符。對地整理可發生這些作用：一、各色各樣的土地都在清丈之列登記到冊籍上面，政府一面可知土地之形色和肥瘠，他面可知土地分配之狀況及使用之形式。二、以土地的等第及形勢爲標準卽以折之多少爲標準，以自動的方法，或以政治的強迫，使爲各方內土地之交換。三、嗣後土地之移轉，政府隨時可以知道，豪強侵佔隱蔽的事情不再發生。四、政府對農業技術及利用民有土地，可對土地施以絕對的管理。

經界不實行清丈，令地主各依定式造帖基簿，並依地形畫圖，以詰告及查出不登記之地沒官兩個方法爲使土地登記不遺漏之辦法。土地的等第不分，對土地的整理，只能發生這兩種作用：一、不實行清丈，必難使地主盡把土地登入砧基簿，但已登記者，政府可明白土地之坐落形勢，及土地分配使用之狀況。二、土地之轉移，以砧基簿對行批鑿，亦可免去侵佔隱蔽的事情。

由此，經界較之方田稍爲遜色，因爲經界不實行清丈，不辨土地的等第，不能發生方田第二和第四兩點作用，卽第一點作用也難十分確切。但方田之實行難，費用且大，經界較易，費用亦小，這是經界的優點。

（二）方田經界之對於平均賦稅　在土地範圍內，平均賦稅有兩個條件，第一、所有的土地必盡能登記，並盡能出稅；第二、依土地的肥瘠，卽以土地生產能力，定稅率之大小，累進稅固是很要的條件，但對方田和經界是談不到的。以此兩者爲標準，經界對平均賦稅也趕不上方田，因爲方田實行清丈，凡土地所在，一方一方的都能把牠丈出，土地領有者，是沒法隱蔽的。且方田以地形及地色參定地之肥瘠，並使地主參加意見，由此所定的等第必確，五等不盡改爲十等，十等之中又分上中下三等，分等愈詳負担力愈爲符合。方田對這兩條件却極爲適合，故方田能平均賦稅。但是政府假愛民之名不便變更一縣之租稅原額，以致縣與縣之間仍是不平。如打破這種機械的原則，丈出土地多而且肥者稅額增加，少而瘠者減少，租稅上的很多難題可以解決，政府的收入也不致減少，人民不以縣爲範圍，彼此間的負担都能一律了。

李椿年趙懇夫經界法不實行淸丈，由人戶各造砧基簿及地形圖，官差人按圖勘驗，已登記者固能見『民有定產，產有定稅，稅有定籍。』（註）然詰告及收沒，不是澈底的辦法，不一定能使所有的土地盡數上砧基簿。並且已上的土地僅按畝數任稅，不論等第，經界對於均稅不能合上述『有地必有稅，按地之肥瘠而出稅』那兩個條件，所以經界不僅以一縣之原來稅額關係，不能使縣與縣之間的人民平均負担，且因一縣一鄉之內的人民以有土地肥瘠之不同，而彼此間的稅担也不能合理。

朱熹經界法雖未見實行，對於平均賦稅及對人民納稅便利上却有幾個特點，一、選擇官吏委任責成打量地畝，二、將所有地畝不論田之所屬一律分爲九等定稅，三、以一州之產錢，除一州諸色稅錢，定每一文產錢配稅若干，四、學田、職田、官田、倉田一律辦理，稅入倉後官爲分配，深合人民納稅便利的原則。朱熹的辦法未見實行，帳簿册籍怎樣記載，不得而知，只由他提出的辦法看，對平均賦稅已盡其能事了。

（註）宋史卷一百七十三。

第六章　丁口之賦

一　丁口之賦的性質

丁口之賦始於五代，爲宋正式租稅之一，只行於長江以南各省。這種賦稅和漢之口賦及算賦性質略同，宋以後變爲丁稅，是合此稅與役錢爲一的辦法。然在宋與免役緡無關，並與一切租稅無關，係單獨存在的課於丁口的稅法。

丁口之賦是人頭稅，只課於男丁，這是和漢之口賦算賦不同的地方。力役自兩稅分立出來，本有兩個進的方向，一是差役，一是丁口之賦，前者遍於全國，後者行於江南，因五代時中原迭起變亂，人民羣趨江南，以財政政策之故，一定有丁口的課賦。卽以役之變化趨勢看，也要隨着役之日益繁重而口賦奇苛，統治者旣以一切勞動責辦於人民，亦必將一切財用取給於人民。況且江南社會經濟的發展速於北方，除課於田畝外，不能不歛於一切財產聚集的人身。明於第一章役從稅中分立是租稅的增加，則這種賦的設置，更是租稅的增加了。役與稅合一之前是放在男丁身上，由役分出來的稅，也只有由男丁來負担了。

丁口賦是加於個人身上的人頭稅，在優富刻貧的社會下多由五等下戶負担乃是當然的。宋在一切租稅制度上沿襲五代舊制而不克有所整頓，丁口賦就是不能施以整頓的一件，紊亂無紀制，至南宋而愈甚。

二　丁口之賦的起源及沿革

丁口之賦雖只是行於長江以南各省，而湖廣等路和江東諸郡的起源，及在宋朝的沿革却不相同，茲摘文獻通考卷十一的記載如下：

身丁錢者東南淮浙湖廣等路皆有之，自馬氏據湖南始取永道郴州桂陽軍茶陵縣民丁錢絹米麥，嘉祐四年，詔無業者與除放，有業者減半，然道州丁未每歲猶爲千石，人甚苦之。紹興五年守臣趙坦請以二分敷於田，一分敷於民丁，詔下其議，有司言如此則貧民每丁當輸二斗有奇，乞盡敷於田畝，言者以爲太重請捐其一，詔漕司相度。六年樞密院檢詳王迪又請兩路丁錢隨田稅帶納，不果行。十四年知永州羅長源言於朝遂盡放湖南諸郡丁錢，然上借椿數則如故。後十餘年楊良佐邦弼爲漕，乃奏除之。

江東諸郡丁口鹽錢，李氏有國日所制也，蓋以泰州及靜海軍鹽貨計口俵數收錢入官。其後失淮南而鹽不可得，既又令折絹綿輸之，民益以爲病。明道二年范文正爲江淮安撫，乞會一路主戶以見在鹽價於春時給鹽食用，隨夏稅送納價錢，奏可，其後謂之蠶鹽者此也。

兩浙身丁錢法者始未行鈔法，以前歲計丁口官散蠶鹽，每丁給鹽一斗，輸錢百六十有六，謂之丁鹽錢，皇祐中許氏以紬絹依時價折納，謂之丁絹。自鈔法既行之後，鹽盡通商而民無所給，每丁仍增錢爲三百六十，謂之丁身錢。大觀中始令三丁納絹一匹，當時未有倍費，其後物價益貴，乃令每丁輸絹一丈綿一兩，皆取於五等下戶，民甚病之。建炎三年詔以一半折絹，一半納現錢，於是歲爲絹二十四萬匹，綿百萬兩，錢二十萬緡……先是紹興末呂公雅廣問爲浙漕，以湖州丁絹多所隱漏，乃給申帖付民戶，俾自排丁名，得四十萬丁，每丁爲錢千四百，絹八尺有奇。明年守臣陳之茂因請折絹以五千爲匹，仍止歲額爲定，不以添丁而增賦，詔皆可之，自是湖州以五丁科一匹矣。未幾又會以七丁爲一匹。乾道八年余處恭爲烏程令請於朝乞以七丁科一匹，曾欽道秉政奏行之，自是爲例。

兩淮丁錢者不知所從始，乾道末詔民戶一丁充民丁者，本名丁錢，勿輸。

兩廣丁錢亦不知其所始，廣西郡縣貧薄，凡民間父祖年六十以上而身丁未成，亦行科納，謂之掛丁錢。紹興初詔令本路監司約束。

三　丁口之年齡與貧富

（一）丁口之年齡　五代吳越之地自錢氏政權確定之後四十餘年沒有兵禍，四方流徙的人多聚到這裏，中原衣冠華族亦羣趨於此，故能以十五州當天下之半，（註一）而墾田的增加居於人口之後。建立丁身錢的稅法，實財政收入的必要政策。吳越創設，兩淮湖廣亦隨因之而起。入宋後雖斥爲起自僞國違理殃民，終不肯免除，南宋且爲稅收的主要源泉，以此故對於丁口納稅的年齡即人民納稅的年歲起訖，定下了較長的期間，男夫年二十歲爲丁，六十爲老。納稅時期達四十年。但女戶不預，篤疾殘廢免納。然以稅之定額關係，祖父年老，子孫年齡不及成丁，十二三歲者便行科納，兩廣叫做『掛丁』，處溫兩州叫做『充代』，且年老者在訂立戶籍時，不予退去，若家貧無力輸納，丁壯流亡，老弱獨留，只要丁籍存在，每每監繫催輸，急如星火，有及其宗族姻親鄰里使代輸者，所以年齡是立法的形式，租稅的徵收，則超乎法定之上。

（二）丁口之貧富等第　兩浙身丁錢折絹之後，依馬端臨的說法，每丁納絹一丈綿一兩，皆取於五等下戶，由此可知身丁錢不是普遍的稅法，資產少者輸納，大者不及。就是『一無所有』的無產下戶也一樣的負担，由『常州宜興無稅產人戶每丁納丁鹽錢二百文』（註二）的記載，以及皇帝數下恩詔，減或免無產戶的丁錢及丁米可資證明。

但各處的情形極不一定，以民籍五等輸者較多。處州上四等戶每五丁輸納絹一匹，五等每八丁一匹。紹興上四等每七丁輸絹一匹，第五等每八丁一匹。普通則上四等四丁一匹，第五等八丁一匹，湖州等處則不論等第，但稅法亦不相同。武康縣每四丁一匹，並納本色，不曾折錢。烏程歸安等五縣每三丁納絹一匹，自來納本色或折見錢聽從民便，並按例如一戶有三丁，一丁納本色絹，二丁折納見錢。

丹徒等處資產標準則與此相反，人民分稅戶和客戶兩種，前係有產者，後係無產者，僑居或為佃戶，兩者一樣輸納丁錢。丹陽金壇二邑，有稅者無丁錢的負担，無者稅有丁錢的負担，故稅戶不輸丁錢，輸者只客戶而已。每稅定為二尺或四尺，官方則以匹計算，縱使稅額二尺納者則集尺成匹，吃虧甚大。

負担最重者爲湖北各州縣，南宋時幾經殘破，版籍散失，『乃有以丁增稅者，根括人戶籍其丁口，使一丁受秫七斗以爲稅額，有元係一斗之稅，而家有三丁，則增爲二石一斗之稅，不問其田之多少也。』（註三）還有役錢也以身丁科敷。廣西路戶口二十萬，民出役錢至九十萬緡之多，採用稅額科敷的辦法，稅數不足，又敷之田米，田米不足最後乃算於身丁。凡此皆不論貧富等第，一律以身丁爲課稅單位的辦法。這雖不是純粹的身丁錢，乃是以丁身爲一些稅的課稅物件，已等於丁身錢了。

（三）丁口之賦與僧尼　僧尼在宋以前歷來是不納稅的，宋初僧尼還保有這種特權，熙寗變法，寺觀按照人民的稅例減半出免役錢。紹興二十一年將無數額寺院及住持絕亡的田產撥作學田，僧尼自南北朝至五代在社會上的特權才漸漸的沒落。江淮湖廣等地的身丁錢則和普通人民一樣，以丁口來負担，（註四）並且以僧人職位的高低定丁錢之多寡。職位高者錢多，低者錢寡，多者十五貫少則二貫，以次不等。

寺院勢力的變化在社會上有相當的意義。三國至南北朝，經濟逆轉的潮流隋唐以來已迴復了方向往前進展，五代至宋則急轉直下的朝着前資本主義的時期走去，社會上的特權制度漸被經濟勢力所分解，以至於打破。南宋這種現象更爲顯著。

（註一）文獻通考卷十一引葉水心語。

（註二）宋會要卷二百九十九。

（註三）宋會要卷三百零三。

（註四）宋會要卷三百零三。

四　丁口之科歛與弊害

（一）丁口之稅額的負担　由以上的敍述丁口負担額頗爲繁重，湖南各地以二分敷田畝，一分敷於民丁，每丁當輸二斗有奇，江東諸郡每丁之鹽以兩浙之例計之，爲鹽一斗輸錢一百六十六文，兩浙身丁錢三百六十文，三丁折絹一匹，兩廣老者不退且有掛丁錢，湖北且以丁均田稅，這是各地丁口賦之正常的稅額。南渡而後，額雖不加而負担則加重，因爲物價先底而後高，低時則以物之實價折納現物，高時則以物之時價由既納之物合錢，輾轉折合，人民的負担不啻增加數倍。葉水心對南渡後，物價增加有約計的指數：

粟米穀帛之直三倍於舊，鷄豚菜茹樵薪之鬻五倍於舊，田宅之價十倍於舊，其便於上腴爭取而不置者數十百倍於舊。（註一）

由這樣的的高度的物價變動來看，民衆租稅負担的增加可以看出。以長興一縣爲例，每丁納絹一丈三尺合折錢二貫三百有零更是實在的事例，此外再敷以物力的和買則更多了。

在這種物價增高科敷加多人民不克負担的時候，對於丁口之賦有兩個較爲合理的提議，其一、以丁口之賦之現在的歲額爲準，每年續增的丁口均入現在的丁口數中共同負担，人口增加則負担減輕，反之加重；其次絹每匹作價五貫，紐細折納，雖按時價，但不得超過五貫的數額，兩個辦法之中的那一個都能救濟當時漫無紀制的弊端，惟以財政窘迫之故，雖有這種辦法，却是從未施行。

（二）丁口之賦的弊害　丁口賦的弊端，上邊已有提及，如掛丁、如衰老還納、如絹不及匹以匹計等，此外則有州縣的作弊及巧立名目的苛斂。關於前者，州縣在登記人口時『例將寬剩人丁不行注籍，暗收丁錢以資他用，籍既不明，無以稽考，所增錢不盡歸官，凡公吏保正長皆得侵漁。而又丁籍歲終不開收年額，所催只憑舊籍，遂致老病死亡更不減除。』（註二）關於後者，巧立名目如掛丁充代，納稅年限加長，已經是多納了。而在徵收時所立的名目更多：有抄紙錢、息本錢、靡費錢、公庫錢等，以公庫錢為最多。

丁口賦既這樣繁苛，納稅者不能負担時，有兩個慘酷的規避辦法，一個是殺子不養。知建寧府趙彥端言，民有生子而殺之者，為的幼時無力贍養，長則復有身丁錢之患。范成大謂處州丁錢太重，遂有不舉子之風，虞文允亦上書言及。紹興時劉大中奏：謂丁鹽調絹，最為疾苦，民寧殺子而不願輸，生女者又多不舉。淳興八年嚴申建斂汀邵四州殺嬰的禁令。由這些例子看，殺子風氣為時頗久，為地頗廣了。

再一個辦法是逃避或改業，葉水心說：

使之窮居憔悴無地以自業，其駑鈍不才者且爲浮客爲傭力，其懷利強力者則爲商賈爲竊盜。(註三)

宋會要於述說丁錢苛斂之後，接着說：

是以其民苦之，百計避免，或改作女戶，或涉居異鄉，或捨農而爲工，或泛海而逐商：曾不得安其業。(註四)

由此可以看出一般規避丁口賦的情形了。

(註一)文獻通考卷十一。

(註二)宋會要卷三百零三呂廣問上書。

(註三)文獻通考戶口考引。

(註四)宋會要卷三百零三。

第七章　差役

一　差役繁重的諸因

由第一章役與稅的合一和分立，我們知道在宋以前，人民差役的負担雖漸次加重，猶未至使輸差者破家蕩產，不過是一面繳代役的租稅，另一面仍是出役而已；然何以至宋乃特別煩重而成爲嚴重的社會問題呢？其原因如下：

（一）縣以下政治組織之職責的變化　兩漢縣以下政治組織有亭有鄉，十里一亭，十亭一鄉，鄉有三老有嗇夫、有游徼，三老掌教化，嗇夫聽詞訟收賦稅，游徼防盜賊。唐之下層組織，百戶爲里，五里爲鄉，四家爲鄰，五鄰爲保，在鄉爲村，在城爲坊，村坊鄰里遞相督察。里有里正，坊有坊正，造帳籍催賦役。五代至宋，下層組織有衙前以至官物；有里正、戶長、鄉書手以課督賦稅；有稅耆長、弓箭手、壯丁以逐捕盜賊；承符人、散從官以奔走驅使。這三個朝代縣以下的政治組織相差不多。唯漢唐有自治的性質，人選是固定的。督催賦役嗇夫或里正不負責，逋欠由縣令刺史負責，縱令賠償，也由鄰保代輸。宋則一切附屬於縣令，衙前里正等都供縣令的驅使，人選是輪差的，官物及賦稅由主管及課督者負責。下層組織在性質上及職責上有這樣的變化，宋之差役纔因以繁重。

（二）由弊端演爲制度　衙前主官物，里正督賦稅，承符人供奔走這些職務由人民輪担，自五代至宋演成了定制。五代政治黑暗，刺史或縣令不受上層的監督，在地方上可以擅作威福，官物每令衙前供給，賦稅令里正償逋，並多方勒以自肥，與役的鄉戶既怕官吏又不諳練公務，以致多有賠累。這種弊端成了慣例，至宋之中葉不曾稍變，衙前主官物，則變爲給官物供運送，里正督賦稅則變爲償賦稅。黑暗時期的弊端，變成了定形的制度，那就不能不格外繁重了。

（三）差役集中於少數人　宋初的差役不是普遍的，官戶、女戶、單丁、落髮爲僧者，以及形戶勢皆不供差役。形勢戶——官戶可包含在內——本戶固可免役，親戚鄰里以至不堪差役煩擾的貧戶，亦可附屬於形勢戶之下以求避免。免役者衆多則差役的負担集中，換句話說，就是役之分配範圍減小，輪役者之負担遂不能不頻數而加重了。

（四）奴隸制度的消滅　奴隸一部用於生產勞動，另一部用於家庭勞動，是奴隸社會的普遍情形。兩漢而後奴隸制度雖是沒落，奴隸的人數，還常常是大量的，而且政府常以很多的奴隸分配或賜給官吏的作爲酬庸，唐朝仍是這樣。因此政府的雜役及官吏的私務多由奴隸來執行。另從一方面看自三國以降有附屬於人的部曲及賤民，亦爲官吏執役，雖在某種關係上和奴隸不同，而在家庭勞動上和奴隸相差不多。故漢唐有大的土木工程則普遍的役使人民，平時的一切差遣則不及人民，這是很大的原因。五代及宋奴隸制度消滅，部曲亦失去社會的意義，這些人的職務不能不徵派人民來担任，遂使人民的差役加重。

由上述四點看下層政治組織職責的變化，差役的內容廣泛，與役的人數減少，遂使差役繁重起來，最重要的是第四個原因。因爲奴隸是個人的私產，一般人對他們沒有人道的觀念，即使工作繁重也惹不起注意。普通人民是國家的基礎，是社會的生產者，又是一切租稅的負担者，他們疲弊了，國民經濟受了影響，社會事業停滯，政府的稅收也不能不日益減少而發生行政上的困難。這是一般人所見到的，尤其以人民父母自居的官吏，所容易見得到的。況無知人民與狡點的官吏接觸，一切的痛苦切膚，更感覺差役的困難。有這些關係，差役的繁重及其弊害纔無遺的暴露出來了。

二　差役的內容

力役以稅的形態合併於兩稅的時候，是人民役的負担最輕的時候。後以各種關係，復以役的形態從兩稅中分立出來，役的範圍就大為廣泛。加以上述四層的社會變遷，遂演成宋之差役，繁苛騷擾，成為社會的嚴重問題。史家記載牠的內容如下：

國初循舊例：衙前以主官物；里正戶長鄉書手以督課賦稅；耆長、弓手、壯丁以逐捕盜賊；承符人、手力、散從官以奔走驅使。在縣曹司至押錄，在州曹司至孔目官，下至雜職虞侯、揀掐等人各以鄉戶等第差充。（註一）

根據馬端臨這種記載，扼要的依次敘述於後：

（一）衙前　衙前的職務是主官物已由馬端臨說明，然由差役之所以爲害及散見的史料考察，衙前不僅主管官物，且供給官物，並得運輸官物。衙前主典府庫，支付政府的要需，府庫充實時，僅負經手的責任，在官物盡竭官吏猶苛索之際，每由衙前供應，瑣至杯杵匕筯也得供其須求。相沿成習，官吏則視衙前爲個人收入的源泉，遂由主管而變爲供給，至於『左右支吾盡所取辦，傾困倒廩不足賠償』（註二）但衙前由鄉愚充任，不能不破家蕩產，由將吏爲之反可以占田，且以諳練之故而免受勒索。

衙前另一種職務爲輦運官物，政府由租稅或他法所得之現物及金錢，上供或轉運他地由衙前負責，盤費運者自備。失則賠償，常『有越千里輸金七錢，庫吏邀乞不得還。』（註三）縱物微費重，只要有政府的命令，輪役者是不能不執行的。

（二）里正和耆長　里正戶長鄉書手，主課督賦稅，耆長、弓手壯丁以逐捕盜賊，宋初沿五代舊制未加改變。里正和戶長的職役特重，以第一等戶充前者，第二等戶充後者，耆長之職役較輕。里正課督賦稅凡有欠逋皆得賠補，輪差者多傾家敗產，鄉書手在里正戶長之下，主推收租稅及典賣田產。熙甯變法以保正月給顧錢督催稅賦，並以稅戶三十家差一人充甲頭，每年輪換一次，主催納稅賦及辦理免役（按：現在江蘇等地都圖納稅猶採此法）。保正並將耆長的職務代替，掌管烟火盜賊，戶長亦爲甲頭所代替但不久卽復舊。如是里正與耆長變爲保正，爲縣以下唯一的組織，一切的職務，都集中他身上，南渡後事務更雜，負担也更重。

（三）弓箭手　耆長弓手、壯丁以逐捕盜賊，承符人散從官以奔走驅使，耆長變爲保正掌管煙火盜賊。已見於前，承帖人（按：卽承符人）熙甯變法代替了壯丁，仍同散從官手力供奔走驅使。弓箭手略似常備民軍的性質，招集鄉民之習騎射者以防盜賊，遼兵南侵，河北弓箭手常聚而禦侮，並置弓箭社。初由鄉戶輪派，熙寧變法亦改爲招募，遂惹起浮浪人能否備盜的爭執。

（四）其他雜役　在縣曹至押司錄事，在州曹司至孔目，下至雜職、虞候、揀掐，即凡在政府機關，倉庫、牢獄、門禁等處供職者，以及其他土木工程，皆不支付的由鄉戶等第差充。

（註一）文獻通考卷十二。

（註二）文獻通考卷十二。

（註三）同上書卷。

三　差役法

（一）差役與貧富　差役和免役辯論的根據在貧與富的關係，雙方皆以恤貧相標榜，我們的論據也以此爲出發點。故先尋找差役的負担者是什麼人，再及那時所提出的補救貧富不均的辦法。

「大祖建隆三年定民籍爲五等，上述四大類的差役，各以鄉戶等第差充，第一等爲里正，第二等戶爲戶長，其餘諸役皆依次派充。開寶四年，調查戶口『令逐州判官、縣令、佐，子細通檢不分主戶中客小客，盡底通抄，差遣之時所冀共分力役。』（註一）由此來看，第一差役裏邊的重役放在富者身上；第二，凡在戶籍之人皆有差役的分配。

關於第一，富者多是官吏或形勢戶，擁有大量田地，不應差役且爲數頗多，乾興元年臣僚言：

以三千戶之邑五等分等，中等以上可任差遣者約千戶，官員形勢衙前將吏

不啻一二百戶並免差遣。（註二）

千戶之中有一二百戶之最富者免役，差之所及者，無疑的是小富戶即小地主。關於第二，在籍之人都有應役的義務，然以差役是不支付的勞動，生活資料須自備，佃戶例不與役，則能與役者只小地主。人民復以破家蕩產的緣故『稍有田產典與形勢之家，以避徭役因爲浮浪。』（註三）或是通情隱庇，以免差役。況且單丁、女戶、落髮僧人、坊郭戶，旗表門閭的前代子孫於法有蔭者均免役，差役所及的範圍更小，則剩下來的小地主，既不願典賣家產，又沒勢力免役，負担的結果，必至困頓顚連，感受大的痛苦。所以宋之差役是『使單貧小戶力役靡供』（註四）的不利於物力低下的，小有產者的辦法。

差役原以鄉戶等第差充，在貧富上已如上述的不均，在地域上則以縣以鄉爲派役的單位，不均的情形更甚。韓琦知幷州時上疏說道：

每鄉被差疏密與貲力高下不均，假有一縣甲乙二鄉，甲鄉第一等戶十五戶，計貲爲錢三百萬，乙鄉第一等戶五戶爲錢五十萬，番休遞役，卽甲鄉十五年一周，乙鄉五年一周，富者休息有餘，貧者敗亡相繼。（註五）而狹鄉人少役重，有終歲不能輪番休息者。

差役以鄉戶等第輪充，以縣及鄉爲輪充單位，致有這種不均的情形，遂使已役的人破產，將役的人逃亡，未役的人畏懼，恐怖不安成爲社會的嚴重問題。當時對這問題所提出來的補救辦法，有限田法、九等法、五則法等。

（A）限田法：命官形勢戶領有大量田地不給差役，同時又虛領他人的田產，藉以隱庇差役，爲救濟田地少物力下的役戶。在仁宗卽位的時候，臣僚提出限田的辦法：一、命官所置莊田以三十頃爲限，衙前將吏合免役者以十五頃爲限；二、上項田地只得於一州之內典買，無塋地准別置五頃；三、隱庇田產及差役者百日內自首，改正名戶，限滿不首被人告發者，命官使臣除名，公人百姓決配。這些辦法雖下令實行，但未著大効。

(B)九等法：九等法太平興國三年爲京西轉運使程能所提出，想把差役盡放在富者身上。他的辦法，由他上的書可以看出：

諸州戶供役素無等第，望品定爲九等，著於籍。以上四等量輕重給役，餘五等免之。後有貧富隨所升降。(註六)

這種辦法深合時弊，因違背豪右的利益，僅付給一些轉運使審查而已。

(C)五則法：鄉戶五則法也是均役於富的辦法，韓絳提出來與蔡襄同三司參定，並徵詢諸路轉運使的意見而制定的。其要點：一、凡鄉戶視資產多寡置籍，分爲五則；二、差役也以輕重分爲五等，和資產相應。三、『第一等重役十，當役十八，列第一等戶百，第二等重役五，當役五八，列第二等戶五十，以備一番役使』；（註七）四、五則籍藏通判治所，遇差役同長吏以下按視之；五、轉送使提典刑獄察其違慢，施以監督。實行雖有相當的効驗，但不能救濟弊深害重的差役大患。

（二）差役的弊害　差役至宋成爲嚴重問題，固由差役繁重，人民不克負担，亦由：第一、貪污官吏藉着已生弊端的制度而妄事苛求，細至杯杵匕筯，盡使役戶供給。人民輪役被差之日，官吏臨門，估計他的資產，定下分數，以應須求。第二鄉戶愚戇，多不諳練，一旦繫身官府，則左支右吾盡所取辦，役戶物力有限，每至傾囤倒廩不足賠償。甚至『家貲已竭而逋負未除，子孫旣沒而鄰保猶逮。』（註八）積此二者，結果正如葉適所說：

州縣專以役戶之貧富定官况之豐殺，百姓亦專以役籍之存否，驗家道之興衰。（註九）

差役之害這樣大而深，已提出的補救方法既不能實行而發生效力，人民用什麼方法避免呢？他們於百無辦法之中有兩條慘酷的道路可走。其一是不置家產，司馬光對英宗說的一段話描寫出這種情形。他說道：

臣嘗行於村落，見農民生具之微，而問其故，皆言不敢為也。今欲多種一桑，多置一牛，蓄二年之糧，藏十匹之帛，鄰里巳目為富室，指抉以為衙前矣，況敢益田疇，葺閭舍乎？臣聞其事愍焉傷心！安有聖帝在上四方無事，而立法使民不敢為久生之計乎！（註一〇）

其次是縮小門戶，不置產業固可縮小門戶不惹人注意。已有產業者，只得另生他法。也拿當時人說的話來說明，韓琦知并州時上書說道：

州縣生民之苦無過於里正衙前，兵興以來，殘剎尤甚，至有孀母改嫁，親族分居，或棄田與人，以免上等，或非分求死以就單丁，規圖百端，苟脫

溝壑之患。（註一一）

韓絳爲三司使時也指出這種慘狀：

害民之弊，無甚差役之法，重者衙前多致破產，次則州役亦須重費，向聞京東有父子二丁將爲衙前，其父告其子云：『吾當求死，使汝曹，免凍餒，』自經而死。又聞江南有嫁其祖母，及與母析居以避役者，此大逆人理，所不忍聞。（註一二）

問題這樣嚴重，那時所提議的補救辦法以格於豪右多不施行，即有施行，効力也極薄弱，乃知王安石熙寧變法不是主觀的衝動，乃是悽慘事實所逼成的！

（註一）宋史卷一百七十八。

（註二）文獻通考卷十二。

（註三）同上卷書乾興元年臣僚言。

(註四)文獻通考卷十二乾興元年條言。

(註五)文獻通考卷十二引。

(註六)文獻通考卷十二。

(註八)文獻通考卷十二引知諫院吳充疏。

(註九)文獻通考卷十三引葉適義役跋。

(註一〇)文獻通考卷十二引。

(註一一)文獻通考卷十二。

(註一二)同上書卷。

四　免役法

(一)免役的形成　免役法的成立，是以差役弊害的社會力量所推進，及王安石根據事實的政治力量所促成，這是誰都承認的。但事情並不這樣簡單，乃是在定法之前，經過免役理論的辯論，及募人充役的便利事實的預備階段，把免役法的要素育成纔能成立的。司馬光在英宗時知諫院，上言鄉戶衙前之害請募人爲之，募則給酬，不出於官卽出於當役者。王安石變法時，司馬光便把他的主張忘記了。

募人充役，熙寧前事實更多，開寶平蜀，綱運赴京，不由衙前，皆募得替官。景祐中，欲寬里正衙前之法，乃命募充。王逵爲荆湖轉運使率民輸錢免役，得緡錢三十萬，諸路羣相效尤，有這些事實的表現，復有理論的辯論，事機成熟；再加上政治力量的推進，免役法的頒佈乃成爲事勢之必然。

（二）免役錢的規定　役議旣起，經過很多辯論，熙寧二年，三司條例司上言，考合衆論悉以使民出錢僱役爲便，兼以出錢僱役『卽先王之法，致民財以祿庶人在官者之意也。』（註一）爲行僱役理論的根據，役錢的規定如下：一、凡當役人戶，以資產等第出錢叫做免役錢；二、坊郭戶亦以資產等第出錢，單丁、女戶、寺觀仕官之家舊無色役而出錢者，叫做助役錢；當役戶、坊郭戶、官戶、女戶、單丁、寺觀六者之錢叫做六色錢；三、僱役錢之外，『又率其數』另取二分，以備水旱欠闕，叫做免役寬剩錢；四、凡買撲、酒稅、坊場所出之錢，原來酬衙前者，叫做坊場錢，自是收官自賣，以其錢同役錢給僱役。

這種辦法不是固定的，各地的士俗不同，差役之輕重及人民之貧富，也不相同，得以從各路之所便爲法，人民輸納現錢，或現物，聽從其便。役錢的支付，和差役之以鄉區爲範圍者不同，打破這種小區域的限制，而以戶之等第出錢，以役之多寡支付。

役之事務如前，官吏勒索的弊害免去，役錢又廣被於役戶之外；則役錢之負担較之差法時，必大爲減輕。曾布有數字上的計算：

畿內上等戶盡罷昔日衙前之役，故今所輸錢比舊受役時，其費十減四五。中等人戶舊充弓手、手力、承符、戶長之類，令使上等及坊郭、寺觀、單丁、官戶，皆出錢以助之，故其費十減六七。下等人戶盡除前日充役而專充壯丁，且不輸一錢，故其費十減八九。大抵上戶所減之費少，下戶所減之費多。（註二）

（三）免役錢之資產的標準　役錢出自當役戶、坊郭戶、官戶、女戶、單丁、及寺觀，役錢負担之多少，以貧富等第爲標準。是以審定出錢者的貧富等第，爲徵派免役錢之先決條件。熙寧變法以後，資產審定的標準及審定的方法屢有變遷，現在一一的簡述於下：

（A）五等法：五等法是熙寧變法時所實行者，爲鄧綰曾布與司農寺所審議的辦法。一、鄉戶計資產之多寡分爲五等，坊郭戶分爲七等，歲以夏秋隨等輸錢；二、鄉戶自四等坊郭自六等以下免輸；三、兩縣有資產者，上等各隨縣，中等併一縣輸，析居者隨所析而升降其等；四、官戶、女戶、寺觀、未成丁減半輸。

輸錢的資產高下即其戶之高下，以之著於册籍。人戶巧避失實田郡縣負責。資產是變動的，應隨着這種變動爲戶之升降，所出之錢纔能合其物力的大小。乃定坊郭五年鄉村三年一審定，於農隙時舉行。舉行的方式如下：

集衆稽其物業，考其貧富，察其詐僞，爲之升降。若故爲升降者，以違制論。（註三）

審定資產是免役法的基礎，熙寧未把審定資產的標準確定，遂發生日用而家有之的器與物，及隨時變動隨地遷移的用品，是否在審定之列的問題。呂惠卿之手實法則較爲詳盡。

（B）手實法：熙寗七年呂惠卿以免役出錢不合資產的實情，乃創定手實法。貧富由人戶自己報告，各負隱匿之責。法之要點爲：一、官定田產中價，使民各以田畝多少高下自行報價，家室亦報；二、家資分有蓄息和無蓄息二種，凡不蓄息之錢五，當蓄息之錢一；三、隱匿者許他人詰告，實則以三分之一充賞；四、政府制定表式令人戶塡寫送縣，縣彙集起來以所報價列定高下分爲五等；五、以一縣之役錢本額定各等民戶所當輸之錢數；六、寫明各戶之資產等第及所輸之錢數，出示兩月使衆知悉。

人民自報資產，以役錢的負担，當然不肯多報，以詰告收沒的緣故也不敢少報，是審定資產等，訂定戶籍很好的辦法，以官吏奉行煩擾，未幾卽罷。是後各地所用的標準，就龐雜無章了。

（C）熙寗九年以後所行之各種標準：免役規定之始，有各地因特殊情形從所便爲法的規定。所以各地審定貧富等第的標準極不一致。及呂惠卿手實法罷去，各地皆按着自定的辦法執行，有的按田地的頃畝，有的按所納的稅額，若得到家業合錢若干貫陌者，則用家業貫陌，若得每年田地下種石數者則用下種石數，對大地主亦有按所收租課之多少爲標準的。各地的情形不同，恐一地亦有數種不同的標準。

浙西多以物力爲則，浙東多以田稅爲則，元豐七年通令以物力和稅錢互紐爲數，輸納役錢，以田稅爲準，無異於田稅之附加稅。

（四）免役法和差役法之貧富負担的比較　由上述審定資產的各種辦法看，役錢負担的輕重與財產成正比例，物力大者役錢多，小者輸錢少，無者免輸。多至一戶至三百千文，鄉村四等以下，坊郭六等以下免輸。由此可知免役錢之負担者爲稍有物力之人，以至於豪室巨富。所以司農司謂免役錢是『寬優村鄉樸惷不能自達之窮氓。所裁取者乃仕宦兼併能致人言之豪右』。(註四)尤其是官戶形勢戶差役例不與聞，今得以資產多寡出錢，縱是較民戶優異減半輸納，也自以爲利益稍致妨礙而堅決反對。所以神宗說：『更張法制只有士大夫不悅，百姓沒有什麽不便，』文彥博只得拿『陛下爲與士大夫治天下，非與百姓治天下也。』(註五)的話來對答了。

免役法之負担者旣爲稍有物力以上之人，負担的範圍和負担的輕重，不妨與差役法略一比較。第一、差役法固及不到沒有物力的人戶，也及不到物力雄厚的形勢戶，只有物力低下的小戶單獨負担。免役法對稍有物力之小戶和差役相同，而上及於巨富豪右的大戶，同是以資產爲等第，而等第劃分則不同。第二、差役只及於物力低下的小戶，免役於當役戶之外，傍及於官戶、女戶、單丁、寺觀、坊郭戶，負担的範圍擴大，負担的分量減輕。第三、差役之所以爲害，固在差役的繁重，尤在官吏苛擾勒索。新法給錢募人，役即成為靠僱錢為生的職業，使官吏發財的機會失去，無法再巧施誅求：總此三點免役法，一面除去政治上的積弊，另一面把負担的範圍放寬，所以出錢者較諸當役者的費用，上等戶減十分之四五，中等戶十分之六七，下等戶十之八九。

免役法有這樣的社會基礎，政治權力即欲打破牠，也是不能把牠一擊而碎的。元祐司馬光輔政，想把王安石的新法一舉而擴清之。出錢僱募的免役法，一而再再而三，以至於四五次的變更，終不能把牠回復到原來的差役狀態，還非採用僱募的制度不可。他只能在役錢的來源及與役的辦法上著想，所以變更的結果是『行差法十年，民間苦於差擾，前後議者紛紜，更變不一未有底止。』（註六）紹聖元年乾脆的恢復了元豐八年的辦法了。

（五）免役之弊害

免役法是救濟時弊的良劑，熙寧變法，王安石以政治的力量把牠實現出來。雖然有適合一般人民的利益的基礎，不能以反對的政治力量排斥下去，但在推行之際，有當時的所謂名人掣肘，——元祐時司馬光一些人又想把牠推翻，使之未能順適的推行下去。隨時變動，愈變動糾紛愈大，人民無所適從，負担也愈益加重。這固然是由於黨派的關係，而免役法的本身，以及官吏不按既定的法令執行，也使免役法實行的結果，發生了很多的缺點，演成了很大的弊害。

弊害源於法之本身上的有兩點：第一役錢之多寡以人戶之資產爲依據，而資產審定的標準，立法者既未限定，同時又令各地從所便爲法，以致田地頃畝，二稅稅額。家產實陌，下地種子，地主租課等或以一頃或兼用數頃爲推排資產的標準，——各地的情形不同，一個地方所施於人戶者亦不相同。甚而至於日用流動之物亦在審定之列，更甚至『耕耨刀斧之器，鷄豚犬彘之畜，纖微細瑣，皆得而籍之。』（註七）吏來則將室內所有一一搬出細驗，不僅騷擾不堪，而資產的多少也不能得到眞像。

第二、二分寬剩錢爲水旱災歉人戶物力不及之時，役錢倚閣，以寬剩錢僱役，人戶不於物力薄時出錢，政府役事也不至放棄，立法之意甚善。乃施行未久，寬剩錢災年照出，又別增收頭子錢五文。所役的役錢亦不盡以用於僱役，政府漸移作他用，慢慢的成爲財政上之特別收入，在征斂時官吏多乘以爲奸，而爲敷斂人民的圓融法（註八）之一了。

這是免役法的缺點，由這些缺點所生的弊害很多，因官吏舞文弄法，及施行不善，所發生的更多，最主要者爲：一、以資產審定戶之等第，鄉村戶四等以下坊郭六等以下的戶，即前者不及五十千，後者不及二百千的戶每輸役錢，以官吏的奸詐或政府的需要，這限制常被打破。二、人戶輸錢免役爲立法的本意，及法行，有役錢已輸，他種名色的力役又復派徵。馬端臨謂爲『假免役之名以取之，而復作他名以役之。』（註九）就是這弊端的表現。

役之本身亦和役錢斂取及支給有大關係，始則給值僱役，人民免役，胥吏有祿，不復以受賕爲生。繼則役錢移作他用，募值太輕，倉法又重，募人多不肯就。終則役錢不復給，錢作政府經費，（註一〇）與役者則多依欺詐爲生。宋以後班房衙吏不給值的制度，亦漸漸的形成了。

（註一）文獻通考卷十二。

（註二）文獻通考卷十二。

（註三）文獻通考卷十二。

（註四）文獻通考卷十二，司農寺制定免役法時所上書。

（註五）同上書。

（註六）宋史卷一百七十八。

（註七）文獻通考卷十三。

（註八）文獻通考卷十二：『凡公家之費有數於民者謂之圓融』。

（註九）文獻通考卷十二。

（註一〇）宋史卷一百七十八：『庸錢不復給，遂爲總經制窠名焉。』

五　義役法

（一）義役的建立　義役是承僱役之弊，由人民合作，輪流與役，並協力援助與役者的辦法，乾道五年始行於處州松陽縣，而普及於各地。

僱役之弊，役錢移作他用，由少給値至不給値，名爲僱募，實則差役，人民受害甚大。建炎紹興以來講究役法，改變縣以下之政治組織，差役的性質卻未曾改變。人民五家相比十五家爲保，二百五十家爲都保，不及三保五大保者或爲附屬，或與之均併。有保長、有都副、有五十小保長、有十大保長。『凡州縣徭役，公家科斂，縣官使令監司迎送，皆責辦於都保之中。』（註一）平素且有這些費用：

知縣到罷有地理錢，時節參賀有節料錢，官員過都醋庫月息，皆於是而取之，且有弓兵月巡之擾。透漏禁物之責，捕盜出限之罰，催科塡伏之費，承月追呼之勞，至於州縣官吏收買公私食用及土產所有，皆其所甚懼也。（註二）

戶長的職務在於租賦：

催夏稅則先期借絹，催秋稅則先期借米。坍溪落江之田，逃亡死絕之戶又令塡納。（註三）

這種情形簡直回復到熙甯變法以前的狀態，無怪乎當役者的費用不克負担，葉水心說道：

余嘗問爲保正者曰『費必數百千？』保長曰『必百餘千，不幸遇外事，費輒兼倍，少不破家蕩產者。』民之惡役，甚於寇讎。（註四）

催役之弊以至於斯，所以鄉閭善士爲避免破家蕩產的災害，在一鄉內合作起來，實行其所謂義役了。

（二）義役的辦法　義役以一鄉或一都爲範圍，由出役錢之戶，即當役戶各出田若干，組織一個應役的團體，推一人爲役首，管收田租，排定役次。鄉戶輪役者以所收的田租供給他與役時之各種費用。出田之多少以貧富爲標準。下戶田少者，或出穀或以錢買田。上戶輪充都副保正，下戶輪充秋夏稅戶長。

這種辦法由鄉閭善士研究討論出來的，實行於一鄉一都，一定便利，沒有什應弊害發生，推行於各地，若合作互助之精神一去，主持者又非其人，則其弊害也和差役僱役一樣。

（三）義役的缺點及結果　義役的好處，就在合作互助，其辦法可議之點甚多，尤其利於富而損於貧。朱熹對此有很詳細的批評：

義役有未盡善者四：長戶、官戶、寺觀，出田以充義役善矣。其間有下戶只有田一二畝者亦皆出田，或令出錢買田入官，而上戶田多之人却計會減縮，所出殊少。其下戶今既被出田將來却不免役，無緣復收此田之租，乃是困貧民以益上田，此一未盡善也。 如逐都各立役首，管收田租排定役次，此其出納先後之間，亦未免有不公之弊，將來難施刑罰，轉添詞訴，此二未盡善也。又如逐都所排役次，今日已是多有不公，而況三五年後，貧者或富，富者或貧，臨事未免却致爭訟，此三未盡善也。所排役次以上

戶輪充都副保正，中下戶輪充夏秋戶長，上戶安逸而下戶倍費，此四未盡善也。(註五)

由此四未盡善所生的結果，是主持義役者——役首——以收田租及派役次在『倍法』(註六)『析生』(按：分家)等第法沒有確實標準可資依據之下，可以擅作威福，一面把持義役之利，他面勒索弱者之傭。終於如朱熹所說：

虐貧而優富，凌寡而暴孤。(註七)

義役法的創制及結果既如上述，爲明瞭宋代差役的整個情形，再以葉水心義役跋上的幾句話說明宋代差役的變遷，及義役以後的情形，作本節的結語：

按差役古法也，其弊也差役不公，取無藝故轉而爲僱。僱役熙寧之法也，其弊也庸錢自輸苦役如故，故轉而爲義。義役中興以來諸郡民戶自相與討究之法也，其弊也豪強專制，寡弱受凌，故復而爲差，蓋以事體之便民者

觀之，僱便於差，義便於僱，至於義而復有弊，則未如之何也已？（註八）

（註一）宋會要卷三百零六。

（註二、三）文獻通考卷十三。

（註四）葉水心義役跋，文獻通考卷十三引。

（註五）文獻通考卷十三。

（註六）倍法是紹興年間的役法，規定資產之限度，過一倍，役後歇若干年，二倍役後歇若干年，以資產的數額定單位，多則倍算，故叫做倍法。

（註七）文獻通考引朱熹語。

（註八）文獻通考卷十三引。

第八章　租稅制度對戶口及墾田的關係

一　戶口及墾田之相互間的比率

戶與口之數字的比率，戶及口與墾田之數字的比率，是在農業經營及生產技術上表示出來的關係。租稅政策對這種比率的影響，有時可以說是常常將經濟上之應有的現象隱蔽，而顯示出一種不合理的現象。宋之人口對戶之比率小，墾田對戶之比率小，在歷史上是特殊的現象。現在先把歷代及宋代的數字比率列出，以後再研究租稅制度對這種數字的作用。

（一）歷代戶口及墾田之相互間的比率　歷代戶口墾田的數字是當時官府的報告，雖有以戶口墾田之增減爲官吏之獎懲的規定，人民以租稅負担的關係，多方隱蔽，仍是得不到眞像。但從另一方面看，正可由這些不得眞像的數字，而求得隱蔽眞像的所以然，爲與宋代比較着便利特製表列後。

（A）戶與口比率表（根據文獻通考戶口考）

朝代	皇帝年號	戶數	口數	每百戶占口數
西漢	平帝元始二年	一二、二三三、〇六二	五九、五九四、九七八	四八六
東漢	順帝建康元年	九、九四六、九一九（註一）	四九、七三〇、五五〇	四九九
西晉	武帝太康元年	二、四五九、八〇四	一六、一六三、八六三	六五六
劉宋	孝武帝大明八年	九〇六、八七〇	四、六八五、五〇一	五一七
周	宣帝大象　年	三、五九〇、〇〇〇	九、〇〇九、六〇四	二五一

隋	煬帝大業二年	八、九〇五、五三六	四六、〇一九、九五六	五一七
唐	元宗天寶十四載	八、九一九、三〇九(註二)	五二、九一九、三〇九	五九三

上邊列舉的七個朝代的數字，都是最盛時期的。周大象定滅了高齊統一北方的時候，戶口之數不及元魏最盛時代之多，因爲那時沒記載，故將取這個數字作代表，南朝則以劉宋作代表。其他各朝都是統一的局面，較有可靠性。

(B)戶與墾田比率表(墾田根據文獻通考田賦考)

朝代	皇帝年號	戶數	墾田畝數	每戶應合畝數
西漢	平帝元始二年	一二、二三三、〇六二	八二七、〇五〇、〇〇〇	六七
東漢	順帝建康元年	九、九四六、九一九	六八九、六二七、一五六	六九
隋	文帝開皇九年	八、九〇七、五三六(註三)	一、九四〇、四二六、七〇〇	二一七
唐	元宗天寶十四載	八、一九九、三〇九	一、四三〇、三八六、二一三	一六〇

隋之墾田在歷史上爲最多，所以每戶分田亦多，唐次之，兩漢較少。

(C) 口與墾田比率表

朝代	皇帝年號	口數	墾田畝數	每口應分畝數
西漢	平帝元始二年	五九、五九四、九七八	八二七、〇五〇、〇〇〇	一四
東漢	順帝建康元年	四九、七三〇、五五〇	六八九、六二七、一五六	一四
隋	文帝開皇九年	四六、〇一九、九五六	一、九四〇、四二六、七〇〇	四二
唐	元宗天寶十四載	正二、九二九、三〇九	一、四三〇、三八六、二一三	二七

隋每口分田最多，唐次之，兩漢略同，雖少於隋唐，衡之生產技術，適爲中數。

(二) 宋代戶口及墾田之相互間的比率　宋代及口及墾田之相互間的比率，在歷史上爲特殊的現象。在尋求這些現象的原因以前，先把三者間的關係表出，

即把戶與口，戶及口與墾田之間的數字列出，以為說明的根據，

（A）戶與口之比率表（根據文獻通考及宋會要）

皇帝年號	主客戶數	主客口數	每百戶口數
真宗天禧五年	八、六七七、六七七	一九、九三〇、三二〇	二三〇
仁宗嘉祐八年	一二、四六二、三一七	二六、四二一、六五一	二一二
英宗治平三年	一二、九一七、二二一	二九、〇九二、一八五	二二五
神宗元豐六年	一七、二一一、七一三	二四、九六九、三〇〇	一四五
哲宗紹聖四年	一九、四三五、五七〇	四三、四一一、六〇六	二二三
徽宗崇甯元年	二〇、〇一九、〇五四	八二〇、七六九	二一九
高宗紹興三十年	一一、〇九一、八八五	一六、八四二、四〇一（註四）	一五二
孝宗淳熙十六年	一二、九〇七、四三八	二七、五六四、一〇六	二一四

平　均	二三三、〇五二、三三八	二〇三

宋代各朝戶與口之比率，最多者爲天禧五年，每百戶有口二百三十，最少者爲元豐六年，每百戶僅一百四十五人。每朝平均每百戶才有二百零三人，一家僅合兩口人。

北宋人口實際的估計應在一萬萬以上，崇甯元年戶數達二千萬，兩漢兩晉隋唐平均計算，每戶合五口以上與宋同時金之人口，每戶幾合六口，(註五)卽以每戶五口爲準，宋之人口就應超過一萬萬了，而歷史的記載，換言之卽當時的申報，僅四千三百多萬，隱漏者達百分之六十。這是讀史者所應特別注意而尋求其原因的。

(B)人戶與墾田比率表(墾田據文獻通考)

皇帝年號	主客戶數	墾田畝數	每戶應分畝數

眞宗天禧五年	八、六七七、六七七	五二四、七五八、四三二	六〇
仁宗嘉祐八年	一二、四六二、七一三	二三八、〇〇〇、〇〇〇	一八
英宗治平三年	一二、九一七、二二一	四四〇、〇〇〇、〇〇〇(註六)	三四
神宗元豐六年	一七、二一一、七一三	四六一、六五五、六〇〇	二七
平均	五一、二六九、三二四	一、六四五、四一四、〇三二	三二

宋代各朝每戶應分田畝數以眞宗天禧時爲最多，合六十畝，然不及歷代分田最少的漢代；仁宗嘉祐時爲最少，每戶僅十八畝，較之天禧時竟相差三倍有餘。各朝平均每戶應分田三十四畝，較之前代不及遠甚。

(C)人口與墾田比率表

皇帝年號	主客口數	墾田畝數	每戶應分畝數
眞宗天禧五年	一九、九三〇、三二〇	五二四、七五八、四三二	一六

仁宗嘉祐八年	二六、四二一、六五一	二二八、〇〇〇、〇〇〇	九
英宗治平三年	二九、〇九二、一八五	四四〇、〇〇〇、〇〇〇	一五
神宗元豐六年	二四、九六九、三〇〇	四六一、六五五、六〇〇	一八
平　均	一〇〇、四一三、四五六	一、六五四、四一四、〇三二	一六

宋代各朝每口應分田數以嘉祐年為最少，每口應分田九畝，其他各朝以及平均數均超過兩漢，每戶所得遠在各代之下，而每口所得僅不及隋唐而已。

(註一)桓帝永壽二年為東漢最多之數，因各書所載不同，故採此數。

(註二)據通典載唐代管戶，內有課戶不課戶課口不課口。

(註三)據文獻通考開皇與大業戶數同，人口當亦相同，墾田幾增至三倍，定有錯誤，故仍以開皇為準。

(註四)高宗以後根據宋會要卷三百零一。

（註五）欽定續文獻通考卷十二；金章宗泰和年五，戶七百六十八萬四千三百三十八；口四千五百八十一萬六千零七十九，每百戶合五百九十六。

（註六）皇祐年中墾田數。

二　租稅制度對戶口及墾田之相互間比率的影響

（一）租稅制度的作用　租稅是人民以個人財物的一部，以政治的或經濟的意義繳納於國家的東西，無論是基於義務，分担或報償那一種說法，租稅是統治者和被統治者間的最切要關係的表現，也可以說是彼此間發生關係的紐帶。租稅制度有學理的根據，及施行有條理，紐帶則寬大而紓舒，否則紐帶急促，統治者和人民間互相對付。前者以關於用度想斂聚民財，後者則多方規避以輕負担，及至彼此間關係惡化到尖端，常有社會的大紊亂隨之而來。我們固然不能捨棄社會擾亂的諸種現象，但在一些現象之中，由剝削關係而來的較爲深切，故我們尤其要注意的在租賦的剝削中，統治者怎樣科斂，人民怎樣規避的諸般情形，也就是由此而生的人口與墾田之相互間的比率關係。

租稅制度在這裏發生作用，不是制度的那一部份，而是制度的整個。然爲解釋易於明瞭，不妨抽出幾點來作標準。第一、租稅稅源的所在，即一種租稅制度所選擇的稅源是什麼，這種稅源，是桎梏國民經濟的？抑繁榮國民經濟的？並及政府對這種稅源的培護或摧殘。第二、由稅源追尋租稅客體，或者說課稅物件；在歷代看是課於人，課於戶，抑課於土地，課稅所在的不同，遂發生統治者和人民異樣的關係。第三、得了租稅稅源和租稅客體，即剖析牠含有的租稅原則，對於國民經濟的原則若何，對於社會的原則又若何？以及其他各種原則。第四、最後再看租稅制度施行的技術。由以前三者認識這種制度的社會基礎，由施行技術的精疏，認識超制度的外力。外力有時是能把基礎破壞了的。

以這幾點作標準，簡單的回顧歷代戶口及墾田的關係，並檢討宋代的情形。

（二）歷代戶口及墾田相互間的比率關係之追溯　歷代的戶口與墾田所有的數字，已由各表列出，爲證明租稅制度對這種數字關係之影響，及說明宋之特殊現象，先根據前數表，簡略的追溯一番。

漢之重稅，輕於田租而重於口賦，尤其重於商稅，田稅是土地收益的土地稅，通常是三十分之一，並常常赦免。因此田地的多少無大關係於負担的輕重。且兩漢戶與口同納戶，前者爲錢二百，後者不成丁六十三錢，成丁百二十錢，商人和奴婢加重，是賤商政策及資產稅的性質。雖然課稅的物件是戶是人，使之易受痛苦，然以戶與人均賦不使脫逃，商稅特重亦無處可逃。且那時檢覈戶口及墾田的辦法極嚴，將所有的人口，置於田對之中施以檢閱，不易欺隱，太守且負不實殺身的責任。有此數種關係，所以西漢每百戶占八口『四八六』，東漢『四九九』，在分田上西漢每戶『六七』，東漢『六九』，每口占田都是『一四』，得適中的數字，馬端臨謂兩漢每戶得田，『可準周之下農夫』，（註一）頗合學者理想中的情形。

西晉太康元年平吳，統一了中國，把黃河及長江兩流域的田地計口分配，那時的戶口耗減，地域遼闊，田地在兩漢闢墾之後，縱荒蕪也是暫時的，以少量的人口分大量的田地，沒有分配上的問題，人民只有僅可能的多得土地。故那時人口對戶數的比例，每百戶爲『六五六』，是最大的數目。雖然受田後行戶調式的課稅法，也不受影響。南朝大率徵土地面積稅，對戶口不生影響，故以劉宋爲代表每戶得口『五一七』的相當的數字。

北魏以至北齊北周都採計口分田的辦法，以魏孝文帝時爲較詳細，此後分田尤其是還田不能按照原來的條例施行，分田與担稅是同時的，人達成丁的年齡不能分田，稅隱負擔已放任身上。況且娶妻成戶稅與役俱重，否則減半輸納，因此戶內多有男無女，陽翟一郡戶至數萬無一有妻者，（註二）設法規避租稅情形可以概見了。每百戶僅有口『二五一』，乃事勢之必然。

隋之墾田最多，每戶及口所應分的田地亦多，以人受田，以人及戶納租調。不以地之面積及收益課，人戶自無隱蔽田地的必要，每戶占田『二一七』，每口占『四二』，實在是可能的。戶與口雖爲課稅的物件，然口能受田，不願欺隱；高熲建『輸籍之法』，檢查綦嚴，不容欺隱。隋文恭儉，不加賦於人，役又減番輪流，不必欺隱，以及開皇計口分田，至大業二年爲時極短，又不能欺隱。人民遂無欺隱人口，規避賦稅的事實，故每百戶得『五一七』的數字。

唐武德計口分田，行租庸調制，『有田則有租，有家則有調，有身則有庸』

（註二）。課稅的物件是田、戶與丁。在土地肆行買賣的時候，以人受田收租的意義已失，調庸亦無所附着，且每戶丁之數日有五放一、十放二的規定，更加以應課戶佔全戶數九分之五，應課口不及全人口五分之一，不納稅者多，即不必欺隱以圖脫稅多，以戶與口的免稅關係，土地稅亦在免除之列。所以至天寶年間雖是人戶逃徙，田地轉移爲社會上很顯著的現象，租稅負擔集中少數人身上，致租庸調稅制不能維持的時候，每百戶佔口『五九三』，每戶佔田『一六〇』，每口佔田『二七』的較大數字，還能保持得住。

（三）宋戶口及墾田相互間的比率數字特殊之租稅制度的關係　由歷史的戶口墾田關係表，和宋之關係表比較，可以深切的知道宋之戶口與墾田相互間的比率，所表現出來的數字，是特殊的，尤其是戶與口的比率。然統計表所述是平均的數字，還有更不合理的情形。德州主客戶五二、五九九，口才及六九、三八五，每百戶合口一三一，霸州主客戶二二、四七七，而有口三四、七一六，每戶合口一五五。這樣的人口對戶數的減少，即人口的減少，並非人口的消耗，亦非史家記載的錯誤，而是當時的地方官吏調查戶口，在人民百方隱蔽之下，不能得到實在的數目。地方以這種假數目申報，申報的案卷就成了史家的材料，由這種隱蔽，遂鑄成人口減少的現象，所以蔡攸在當時上書說：

天下戶口數類多不實，則戶版刻隱不待校而知之，乞詔有司申嚴法令，務在覈實。（註四）

戶口及隱田之不實，不是嚴法峻令所能生效的，因為有不實的根本原因在，根本原因，就是租稅制度。

宋有丁口之賦，有特重的差役制度，前者行於長江以南各路，後者是普遍的，口對戶的比率小，大半是差役的作祟，差役的情形已詳於本書第七章。差役是不支付的力役，不僅力役不支付，與役者還得供應官吏的苛索，每及輪身，隨而破產，人口為課稅物件，本稅之外，同時又加上一而再再而三的無藝的暴取，人口之所能生產的，遠在政府所需求的之下，及至差役臨頭則嫁祖母或與母析居，甚而至於殺身以求免，則平時人口之少報不報，必盡他們規避之能事。免役法行，害較減輕，以行未澈底，至南宋時為害仍甚。丁口之賦也是漫無紀制的課於人身上的賦稅，詳於本書第六章，繁重苛虐，使納稅者感受痛苦，結果至於改業，至於逃亡，至於殺子不養，則平時人口少報不報也要盡他們規避的能事。這在納稅者方面，因租稅制度不善，而使口對戶比率小的唯一原因。

再由租稅制度施行的技術上看，官戶免除或減半，形勢戶及附屬形勢戶之下的小戶均不敢課繳，使所有的差役及丁錢集中於物力低下的小有產者身上，而對戶口之調查又沒有詳密的辦法，雖以人口多寡作官吏考績的標準，不僅得不到實在的人口數字，且給官吏以作弊的機會，更促使人的少報及不報。

政府行這樣的租稅制度，人民就以這樣消極的方法來抵制，始終是人口的不報和少報，並非人口的消耗。所以德州才有每百戶只有一百三十一人，尚不合三戶四口，各朝平均每百戶才有二百零三人，僅合一家兩口的口對戶之比率小的現象。葉水心不明白這種基本的關係，說『已募而為兵者數十萬人，其去而為浮屠老子及為役而未受度者又數十萬人。』（註五）以此為人口減少的原因，可算是膚淺之論。

在這樣的租稅制度下，口對戶比率數字之小，是必然的結果，已如前述。再進而考察墾田對戶數之比率小，對人口之比率大之租稅制度的作用。

宋之疆域北不及燕薊，西不及靈夏，南不及交趾，較之兩漢隋唐為小，墾田似宜減少。實際考之，人烟最稠密的地方，即田地墾闢最多的地方。宋之戶數遠超前代，墾田亦當超過前代，即說三邊蹙短，土地減少也不應比漢少一半，比隋少四分之三，比唐少三分之二。文獻通考卷四有如下的記載：

治平會記謂：墾田『特計其賦租以知其頃畝，而賦租所不加者十居其七，率而計之，則天下墾田無慮三千餘萬頃。』（註六）

故宋之田數減少，和口對戶的減少是一樣的，不盡是疆域小的關係，而是租稅制度的關係，前者僅是微弱的原因之一罷了。

宋之二稅課於土地，因二稅的稅率而起的附加稅及雜稅，亦加於田畝之上，就是身丁錢和免役錢也多以田畝爲科敷的標準，因此田畝的所在，即無藝的稅擔所在，物力小者不堪煩累，不棄田而逃，亦必設法隱蔽。再則宋代土地兼并劇烈，一爲巨富而成爲形勢戶或官戶，不負擔租稅，田亦不必報官，報亦未必眞實。由豪富庇護小戶，名義上領有他們的土地以避差役，及政府下令限田，事實上又不生効力等等情形看，豪富的田地報官者亦必甚少。領有小量土地人爲規避賦役，又不能不圖謀隱蔽，因此，土地的登記在一般地主百方隱蔽之下，必僅可能的將最少數的田地，錄入册籍之上。所謂天荒與逃荒僅僅是不納稅田畝中之絕少數而已。況且州縣稅額，是沿襲前代的舊數，而田地册籍喪失很多，無籍之處田稅的征收標準極不可靠，有籍之處，亦以轉移侵冒多失眞情。不堪租稅痛苦的稅戶在百方規避之中，有了這種版籍紊亂的機會，怎能不充分利用呢？田地不錄於版籍，即田地報官的數目小，故每戶應分的田地亦少。最少者僅十八畝，各朝平均才三十四畝，不及前代遠甚。

明瞭口對戶之比率小，則每口應分田之數爲何大的問題即易解決。每戶的田地盡量少報，人口亦設法將數目縮減。如此，則不能不報的田地，只有登記在册籍上不能不報的人口姓名之下。多人應有的田地，記在少數人姓名之下，這少數人所應該分的田地怎能不加多呢？

畿縣民苦稅重，兄弟既壯乃析居，其田畝稅聚於一身，縣按所棄地除其租，已而匿他舍冒名佃作。（註七）

這簡短的記載，算把匿田的根本原因及匿田的情形道出了。

（註一）文獻通考卷十一。

（註二）文獻通考卷二『舊制未娶妻者輸半牀租調，陽翟一郡戶至數萬，籍多無妻。』

（註三）唐書卷五十二，陸贄語。

（註四）文獻通考卷十一。

（註五）文獻通考戶口考。

（註六）文獻通考卷四。

（註七）宋史卷一百七十二，知封邱縣竇玭上書，此條疑有錯字，可與本書第五章引文獻通考語參看。

第九章　徵收制度

一　租稅册籍

宋之徵收所置租稅册籍有二，一、兩稅版籍，二、形勢戶帳籍。前者爲徵收基礎，後者不過特殊的辦法而已。

兩稅版籍至道元年令州縣依所頒的式樣重造，其內容：

應逐縣造夏秋版簿，並先椿本縣原額，管納戶口，稅務都數；次開兩稅現納現逃數，及逐村甲名數。（註）

夏秋二稅，桑功正稅及課敷諸物也都分別錄寫，其形式爲長卷排行，造畢縣官典勘對，送本州請印，州官勘對朱鑿，凡勘對的官吏都得書字結罪，以州印印縫，藏於長吏廳側，共造兩本，一存州，一存縣，後者亦蓋騎縫州印。

這種册籍一年一造叫做空行簿，夏稅正月一日起造，秋稅四月一日起造，爲每年催科的根據，現在叫做亦書，或征册。在租稅學上叫做租稅簿，閏年時別置一本叫做實行簿以藏有司，恐怕催科空行簿一有散失，則耗登的數目無從鈎考。

在方田及經界實行的地方，由莊帳戶帖所成的地符及砧基簿，可爲租稅册籍的確實基礎，只要管理得法，很少有錯誤，惜方田未能大行，經界雖行，南宋已到了快亡的時候了，對以後也沒有很大的影響。

形勢戶應造入租稅册籍之內，因形勢戶抗不納稅，並庇護他戶不納，因之影響稅收。建隆四年卽令逐州別造形勢戶版，籍以後各朝都採取這辦法，爲得本戶縱不能強制着納稅，他戶卽可不受庇護了，宋之因循怠弛，可以概見。

（註）宋會要卷三〇一。

二　租稅的徵收

租稅的征收所包含的事項很多，一一述之：

（一）徵收地點　宋之徵收地點極不合於徵收費用經濟的及便利納稅者的原則，但徵收費用由納稅者自出，則征收地點的規定，卽成了納稅者的大害，同時却爲政府的另一項收入，下面這段記載已引用於本書第五章，爲說明征收地點規定的詳情，重寫下來，元祐元年宣德郎劉誼言：

欽橫二州每年支移百姓苗米納於邕州太平諸寨，廉州米納於欽州，白州米納於廉州，化州米納於雷州，高州米納於容州，類皆陸行，近者十程，遠

者二十程。（註一）

各地的租稅相互輸送，徒使納稅者吃苦，把『支移以有餘補不足，所以纔移此輸彼，移近輸遠』的原意失去了。大中祥符元年曾令諸路各於本州輸納，也未能發生効力。所以在元祐中卽以戶之等第，定輸送路程及脚錢，一二等戶輸三百里，三四等戶輸二百里，五等戶一百里，不輸者出路程所需之脚錢。大觀以後大概每斗爲錢五十六文，成爲定稅了。

（二）征收時期　宋之征收時期和五代後唐的時期略同，以各地氣候不同而分別規定，夏稅多紡織物，秋苗多穀物。前者定爲五月十五或六月一月起徵，七月三十或八月五日納畢，最遲延至十月納足，後者爲九月一日起征十二月十五日納畢，最遲可延至明年二月，値閏月則由地方官臨時奏定。

到南宋以需用緊迫，時向人民預借，縣令鄉胥亦可借口預借，預借在一年內者可以說是提前徵收，超過一年以上而至五六年者不能叫做預徵，實際上成加徵了。

（三）徵收本色和折色　徵收租稅所收原物叫做本色，以原物折收他物或貨幣，叫做折色。庸租調以來折納是租稅徵收制度的一部，本色折色自五代成爲通行的名詞，即成爲徵收上普通的事實。折納即折色詳於本書第五章雜稅項中者不復述。茲再舉納本色者之弊一兩件事實：納絹帛者胥吏認爲不好，印上油墨再教納戶退換，或成色本好，強說不好，令其退換。胥吏於徵收機關外邊設絹帛買賣處，以壞絹變好絹；納戶只要變換，縱是壞絹，稅吏亦予收留。他們一面得變換的折錢，另一面換得了好絹。納穀物，不僅斛面增取，還有鈔面加點之法，「所謂點者，蓋點一筆爲加一斗之數，有點及八九筆者。」（註二）由此可知官吏鄉胥之作弊到了怎樣的程度了。

（四）畸零及加耗　畸零即是稅率上的小數，所成爲問題者在以小數合大數，現在叫做捲尾。五代至宋爲胥吏侵漁的工具，爲納稅痛苦的病源之一。

建隆四年令州縣『受民租籍不得稱分釐毫，合勺銖，釐絲忽，錢必成文，絹帛成尺，粟成升，絲綿成兩，薪蒿成束，金銀成錢。（註三）稅額的小數不及文、升、兩、束、錢者三戶五戶合鈔輸納，不與八合者雖是小數亦得合成整數。後來以這種辦法煩擾，改爲各種小數一律依時價輸錢，但因爲辦法時有變更，胥吏每因緣爲奸，終宋之世在征收上是一大弊端。

加耗是五代以來徵收上的弊端，每種數額之上都有加耗，名爲敷足上供數目，實則額外徵收。宋初官定正耗，成爲附加稅的性質，其餘一切禁止，然『轉運有拋椿明耗，州縣有暗椿暗耗之名』，（註四）而『受納官吏亦往往於額外別立名色，謂之加三收耗。』（註五）加耗是原來的徵收弊端，由弊端形成一種制度，制度形成之後，弊端還是依然。

（五）自納或攬納　租稅由稅戶赴徵收地點自行投納者叫做自納。接人租稅錢物，並藉以索取報酬，替人完納者叫做攬納；操這種職業的人叫做攬戶或攬子。攬納制度至宋纔發生，因爲宋有支移及畸零的規定，自納道遠費大，畸零小數不易湊整，納稅者吃虧甚大，以請人代納爲有利，故攬納制度遂慢慢的形成。攬戶一面得到許多稅戶的路費，他面得到畸零的剩餘，復與官吏及鄉胥勾結，凡不經攬戶自納者則多方留難，本色則退原物，折色則高下物價，以造成攬戶在納稅上的地位；攬戶遂得對稅戶肆其權威，重邀脚價，多取稅物，稅戶大困，攬戶與吏胥則均食其利。遇有蠲賦之詔，因爲攬戶先期徵收，則蠲免下來的稅收遂歸於攬戶。

（六）監納制　由中央遣使往各地監納租稅，五代時有這種制度，宋初仍遵行。建隆二年遣派大批使者分赴各道監納租稅，四年遂詔諸路州軍作檢納廳，監收秋夏兩稅。主要的目的在防止官吏作弊及監視州縣催徵，和現在省政府財政廳所派之催徵委員有相同的性質。

（註一）宋會要卷二百九十八。
（註二）宋會要卷二百九十七。
（註三）文獻通考卷四。
（註四）宋史卷一百七十四。
（註五）宋會要卷二百九十九。

三　串票制度

串票是租稅徵收上很重要的手續，掌徵收的官吏以此對所屬的政府負責，人民以此爲已繳納憑據，在契約信用社會裏這是少不了的東西。宋之田賦上的串票制度已經很進步，凡是完納二稅，穀物升以上，布帛尺以上，錢自文以上，都用四鈔受納，鈔上蓋着團印。四鈔的名稱和用途爲：

曰戶鈔則付給人戶收執，曰縣鈔則關縣司銷籍，曰監鈔則納官掌之，曰助鈔則倉庫藏之，所以防僞冒，備毁失也。(註)

四者之中最重要的是戶鈔及縣鈔，只有後者在胥吏玩弄之下，人民有重納之患，只有前者人民完納與否政府沒有憑證；也就因爲這兩鈔重要，弊端遂由之而起，不是勒不付給戶鈔，卽是給鈔戶不與銷籍，或是虛印不作用的文鈔給人民，使民間相傳叫做『白鈔』。種種藉以勒索的情形不一而足。

(註)文獻通考卷五。

四　租稅欠逋及催納

租稅欠逋有兩種情形：一是有負擔的能力而沒法脫稅，一是沒有物力而不能脫稅。宋代除兩者外負欠最多者是形勢戶，他們抗不繳輸，官吏不敢迫催，册籍別置，也不發生作用。

催欠的方法，王巖叟『以天下積欠多名，催免不一，公私費擾，乞隨等第立多爲催法』，（註一）乃建『貫百爲催法』，未果行。政府從鄒令張文仲的建議，立『五年十科法』將欠稅分爲十等，每年隨夏秋稅各帶納一分，五年納完，故叫作五年十科法。南渡後財用急迫，法紀日紊，催欠的方法也愈爲巧妙：一、人民已經完納，官方出傳言欠稅帛幾尺幾寸，米幾升或錢幾文。人民以業已完納，當然赴官質證，及至則連日被繫，並隨時費錢，證明不欠，亦僅釋放而已。因此人戶不敢赴官質證，遇有傳票即行出錢了事。這叫做『刷欠』或叫做『文引乞覓』。二、人戶實欠若干，不一次去催，將欠數分成小數零催，因為催小數可以合零為整，這叫做『畸零漏催』。三、人戶遇有詞訟發生，官府先查看有無欠負，欠則清償後方準呈訴，這叫做『詞訟批欠』。四、官物已納不與文鈔，則以欠負傳追監繫，這叫做『剗催』。五、甲出產於乙，乙已割稅，官復徵稅於甲，及質明則證言稅籍未脫，這叫做『推收』。至於『積欠多是貧民，有孫承祖名，子占父籍，肌膚盡於箠楚，而逋欠不能除者』，(註二)這一些情形又不能勝述了。

(註一)宋史卷三百四十二王巖叟傳。

(註二)宋會要卷二百九十八。

五　災傷的申報及檢視

平均賦稅方法的檢田，已述於第五章。檢田的辦法之一，就是檢視災傷。歷代對此均甚注意，像似上自皇帝下至地方官吏，都應對『天』負責任似的，宋代也有詳細的規定。水旱天災呈報的日期，每年分爲二季，夏以四月爲期，秋以七月爲期，呈報後檢視的手續頗麻煩。縣報州州遣通判司錄會同縣令檢視，約定災傷成分，再報到中央政府，由三司定分數，決定蠲減或倚閣，不過縣令也不親自檢視，僅差曹椽簿尉，並縱公吏作弊而已。